Ensayo

Arte

José Francisco Yvars es historiador del arte. Ha sido profesor universitario, editor y director del Institut Valencià d'Art Modern (IVAM), del que es director honorario. De sus obras publicadas destacan *Das Narrenschiff* (1969), *Jocs sense temps* (1992), *Los colores del hierro* (2003), *Al tiempo del arte* (2004), *El espacio intermedio* (2005), *Modos de persuasión* (2005), *Estelas de color* (2005), *El momento estético* (2006), *Un año entero* (2007), *Visión y signo* (2010), *Tiempo en blanco* (2010), *Il saltimbanco nudo* (2010), *Buenas maneras* (2011), *La ardilla de Braque* (2013) y *Virutas de color* (2016). Entre las últimas exposiciones comisariadas, se cuentan *Julio González-David Smith* (2011), *Afinidades selectivas* (2011), *Magnelli-Melotti-Miró. La danza de las formas* (2015), *Ràfols-Casamada. Pintura* (2016), *Jaume Mercadé. Paisatges construïts* (2016) y *Julio González. Dibujos, papeles y figuras de la colección del IVAM* (2018).

J. F. Yvars

Un viaje aventurado
Notas de arte (2020-2022)

DEBOLS!LLO

Papel certificado por el Forest Stewardship Council®

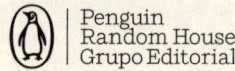

Primera edición: septiembre de 2024

Printed in Spain – Impreso en España

ISBN: 978-84-663-7798-0
Depósito legal: B-11.367-2024

Compuesto en Fotocomposición gama s.l.
Impreso en Novoprint
Sant Andreu de la Barca (Barcelona)

P 3 7 7 9 8 A

Índice

Prólogo

Lector amigo:

La selección de textos que se presenta a continuación fue publicada en su mayor parte en *La Vanguardia* de Barcelona con la amable complicidad de los diligentes amigos de la redacción, a quienes agradezco su atención y paciencia. Quisiera confesar, sin embargo, un motivo de satisfacción personal: por fortuna y a lo largo de los años no he fallado ninguno de los domingos comprometidos, y he podido disfrutar además de breves y gratificantes escapadas a la Europa de las ciudades, territorio natural de mis inquietudes narrativas y siempre inspiración cercana y estímulo para seguir adelante, sean cuales sean las coordenadas de partida. La sección lleva por título «A través del espejo» y continúa su presencia, hoy mensual, contra viento y marea, como solía decirse en otro tiempo con ánimo solidario. Artículos casi todos dictados telefónicamente, lo que me ha convertido en un «inmisericorde dictador», en la opinión cordial de una gentil e inolvidable colaboradora.

Son textos que datan de un tiempo suspendido, afortunadamente hoy superado, historia y memoria pasada, motivados por una exigencia diríamos temporal: sugieren la crítica precisa de exposiciones y aventuras artísticas, pero responden asimismo a una tenaz convicción de su autor. Son textos fieles, debo confesarlo, a un obstinado imperativo de la santa de Ávila —mi admirada Teresa de Jesús, modelo ideal de mujer serena y escritora sin par— que he convertido en consigna segura y que nos transmite la experiencia sin mediaciones adjetivas que solo las almas grandes son capaces de compartir, particularmente en los momentos tensos e imprevisibles que habitamos. Exigía la sagaz carmelita, en particular para tiempos duros de crisis y ansiedad: «Hacer lo ordinario con ordinario cuidado». Y este ha sido mi propósito. Derrotero garantizado, sin duda, para alcanzar la serenidad que requiere la escritura contemporánea. El lector juzgará, con buen criterio, si he acertado y conseguido la entonación y la legibilidad pertinentes para mejorar la comprensión cabal del arte de nuestra época, huidizo y quebradizo en trama plástica y contenido narrativo.

Primavera de 2024

Giorgio Agamben
¿La belleza decae?

En los años de euforia que precedieron a los Juegos Olímpicos de Barcelona, la ciudad fue el imán europeo y modelo de buen hacer con un entusiasta proyecto cultural. Se multiplicaron los encuentros, los cursos que a su enunciado multidisciplinar añadían la intervención de creadores de opinión de primer orden: fue el tiempo de Steiner, pero también de Ferlosio, entre los cercanos recuperados del olvido intencional. Recuerdo las lecciones continuadas de nombres que marcaron un inédito viaje de excepción y que nos deslumbraban con sus saberes —pienso en Vidal-Naquet—. Una universidad en movimiento que transmitía pertenencia y rigor. Un pensamiento activo que daba a la cultura el carácter de identidad colectiva. Las terrazas acogían a Iris Murdoch, que acababa de visitar el Picasso, y en la Casa de la Caritat el Néstor de los filósofos británicos, Alfred Ayer, desmenuzaba la ficción autobiográfica. Entre los modernos destacaban tres universitarios detonantes, pero nada afines: Gianni Vattimo, Massimo Cacciari y Giorgio Agamben. Yo los llamaba «los peregrinos» o «los mensajeros de la promesa», en homenaje al agitador del Soho, Cyril Connolly, cuya revista *Horizon* iluminó la negra posguerra londinense. Las intervenciones de los italianos, siempre punzantes, originales y exageradas, quedan quizás entre los mejores momentos. Hoy, en este temible estado de excepción mundial, tres clásicos contemporáneos de la atrevida desobediencia cauta.

Me detengo en Agamben, en aquellos años enfrascado en la presentación de la obra ilimitada de Walter Benjamin, en unas versiones substanciales sin elipsis narrativas ni comentarios perifrásticos, sencilla lectura de una cultura viva. Acabo de concluir un libro deslumbrante: *Studiolo* (Turín, 2019), un arcaísmo premoderno que definía el gabinete íntimo donde el príncipe humanista se recogía para leer rodeado de sus cuadros preferidos. Esta compilación es una suerte de *studiolo* próximo en el que el relato ajusta la entonación y atempera el contenido al tiempo descarnado que vivimos. Reúne breves ensayos de prometedora tensión formal, vestidos con la erudición mínima necesaria que estimula su lectura. Además, cubren milenios de historia a través de obras clave para entender el desafío del hombre en un mundo siempre hostil, del que solo nos quedan motivos, imágenes, figuras y conceptos huidizos de los que Agamben arranca luminosos vislumbres de verdad. Detalles del «instante eterno» que aúna la sucesión de presentes ordenados al hilo opaco de la historia. Bellini, Artemisia, Tiziano, Velázquez, Holbein, Chardin, Twombly y Gauguin, entre los clásicos. Apenas algunas líneas para apreciar el inventario de Agamben de la memoria cifrada del tiempo. El lector sabrá completarlos.

La ebriedad de Noé de Giovanni Bellini es una pintura soberbia y un apólogo sobre la vejez. Una leyenda del anciano desnudo que mira al Génesis y a través del artista nos lleva a los relieves iniciáticos del Palazzo Ducale: un enigma circular de trama imposible. El anciano bebido y desnudo ante los ojos atónitos de los hijos, que apuntan una gestualidad vacilante. Uno cubre el cuerpo impúdico mientras otro amaga un rictus burlón y otro titubea ante la gravedad del asunto. Manto y sudario invocan la presencia de una ceremonia sepulcral, subraya Agamben, que el juego de manos, interventivo, substrae a la evangélica Pietà y la satura de realidad, a la que el arte añade la complejidad plástica del frontal veneciano.

El *Desollamiento de Marsias* de Tiziano sirve al artista y al filósofo de argumento para indagar en las sombras del suplicio —las razones de la soberbia del sátiro—, que lo conducen a través de la política de Aristóteles y la hermética *Commedia* del latinista Pietro Bembo a los inicios de la imprenta veneciana y al despertar del humanismo. Un juego de artificios imaginativos que convierte a Marsias en la metáfora de la inspiración: «extraído de la vaina de sus miembros», el poeta pide a Dios luz en la experiencia creativa y la clemencia necesaria para entender «en línea y color» la abismal dificultad del «aliento artístico», inaudible para el malicioso Midas, cuyas orejas de asno son incapaces de captar el lamento del mundo en este grandioso testamento de Tiziano.

El *Cristo muerto* de Holbein es el pretexto para una derivación crítica sobre la metamorfosis creativa que recurre a *El idiota* de Dostoievski, que ha perdido la fe, para penetrar en la imposibilidad de la iconofilia cristiana, siempre escindida entre la presencia y la visión divina. El cuerpo de Cristo entre naturaleza y espíritu, paradigma del «eros magno» que la teología disimula en la diatriba entre corporalidad y misterio que permea el pen-

samiento del agnóstico, que el incrédulo apóstol Tomás
somete al veredicto de los sentidos: mete sus dedos en las
llagas divinas.

El arte en el umbral del realismo figurativo moderno
es sencillamente la realidad del arte, y nos devuelve a la
veracidad radical y fascinante de la pintura. *Las hilande-
ras* de Velázquez rescata el fragmento ovidiano de Aracne
y descubre en la joven sin rostro de la falda roja, media-
dora entre el misterio y el sueño, que pasa a la hebra de
lana húmeda el testigo del hilo de la vida, en una estre-
mecedora escena central de incertidumbre y complicidad. Como en el rostro sin esperanza de Gauguin, solo
vemos pintura, y en *La liebre* de Chardin el desvelamien-
to taimado de una crucifixión o en la escultura fulminante de Twombly una tersa polémica sobre la belleza en
deriva inexorable. Punto firme, en suma, de una moral
del relato abrumadora. Concluye Agamben: «en el itinerario creativo de todo artista grande llega un momento
en el que la imagen de belleza que parecía afirmarse con
una elevación continua invierte su tendencia y se muestra verticalmente en declive: la belleza cae». La belleza
que decae disuelta en dispersos destellos formales que
resbalan sobre la corteza áspera del mundo como fantasía
sin nombre. Sí, el arte es energía, «ni se crea ni se destru-
ye», solo se transfigura. Arcana sabiduría sin tiempo.

Bernard Berenson
Severa magnificencia

Así calificaba con su mirada de lince Bernard Berenson, el consumado conocedor del arte, la revolución renacentista en su mejor libro: *Los pintores italianos del Renacimiento* (1894). En efecto, es un libro extraordinario de un conocedor del arte excepcional y de su tiempo: Bernard Berenson (1865-1959). La edición hispana que presentamos traduce a la letra la inglesa de Phaidon Press de 1952, cuya primera versión castellana data de 1954 y fue publicada por la editorial Argos de Barcelona, en una traducción admirablemente personal de Rafael Santos Torroella, maestro de generaciones de estudiosos del arte desde su cátedra de la Escuela Superior de Bellas Artes de Barcelona e indiscutido artífice del relato artístico innovador —sus trabajos sobre Dalí, del que es una autoridad internacional, lo demuestran—, que en esta ocasión ajustó su prosa al arcaizante estilo de Berenson. El historiador había reunido las investigaciones y estudios previos en la edición definitiva de Phaidon, en tamaño holandés y encuadernación de tela, enriquecida además con nada menos que cuatrocientas ilustraciones y presentada con un gesto de cooperación amiga entre Bernard Berenson y Samuel H. Kress, con la adhesión de los primeros editores que unificaron los volúmenes exentos entre 1894 y 1907: G. P. Putnam's Sons, Clarendon Press (Oxford) y Oxford University Press (Nueva York y Londres).

En 1930 Oxford University Press de Londres reimprimió *Los pintores italianos del Renacimiento* en un solo volumen en cuarto y encuadernado en tela, con algunas ilustraciones, diríamos, simbólicas que abría el *Retrato de una dama* de Ambrogio de Predis, legitimado por la Ambrosiana de Milán. De hecho, era la versión de bolsillo, en el vocabulario actual, que marcó época entre el público universitario del momento. El autor había alineado en estas publicaciones recientes las indagaciones y trabajos tempranos —*Studies and Criticism*— redactados al despuntar el siglo XX. *Los pintores venecianos* (1894), *Los pintores florentinos* (1896), *Los pintores de Italia central* (1897) y *Los pintores del norte de Italia* —todos ellos dedicados al Renacimiento—, junto con el capítulo polémico que actúa a modo de conclusión, «La decadencia del arte», de 1907. Una obra pensada y elaborada con plena conciencia de su aportación y originalidad a lo largo de los años tentativos del estudioso, pero con la exigencia y el apasionamiento de quien presiente la madurez.

El trabajo de investigación de Berenson —las listas o índices de artistas—, y es algo más que una anécdota, fue llevado a cabo en circunstancias ciertamente heroicas, cabalgando sobre lomos equinos y visitando a pie de obra iglesuelas, capillas, conventos y feudales fortalezas principescas diseminados por una Italia rural que solo había alcanzado la unificación en 1861, tras un sangriento periodo revolucionario, bajo la tutela de los Saboya y vigilada por la oligarquía financiera y terrateniente. Berenson realizó una proeza insólita, me atrevería a decir, tramada a doble mirada con el concurso de Mary Costelloe, compañera, cómplice, amante y enseguida Mistress Berenson, tanto en las pesquisas artísticas como en la redacción provisional. La obsesiva e inmisericorde lectura crítica de la escritura en ocasiones imprecisa del gran estudioso ejercida, día tras día, por Mary tuvo resultados sorprendentes: la llevó a renunciar a la crítica de arte en la época del despertar feminista para convertirse en una perspicaz observadora de la tarea colosal del experto.

Bernard Berenson, lituano emigrado con apenas diez años en Boston, alcanzará una brillante graduación en Harvard y transformará el inglés en su lengua de cultura —la primera y materna era el alemán—. Desarrollará a la par una obra rigurosa y disciplinada, de notable impronta académica —la pionera y fabulosa colección fotográfica es irrepetible—, incluso con el punto de severidad erudita que había de marcar el curso histórico de la pintura italiana, documentada ahora sobre fuentes originales: los artistas conocidos que aportaron claridad y originalidad a las escuelas artísticas locales en la Península, difundidos por el Renacimiento humanista durante dos centurias seminales —los siglos XV y XVI—. Con un elenco escogido de obras de arte inéditas o apenas conocidas, estudiadas con destreza por vez primera, atribuidas documentalmente por Berenson o adjudicadas audazmente en razón de la trama formal y figurativa a museos y colecciones señalados. Era la respuesta agradecida a la generosa embajada patrocinada por los ricos coleccionistas y amigos norteamericanos que había permitido al estudioso escapar a Italia. Experiencia e inversión memorables, todo hay que decirlo.

Los pintores italianos del Renacimiento es un libro, cierto, de valiosas intuiciones cuya relación de artistas y obras ha configurado, hasta ayer mismo, el repertorio fiable de la moderna historiografía del arte, pero anclado sobre conceptos francamente imaginativos de desigual alcance teórico: valores táctiles, movimiento, colorido y composición espacial en una secuencia que define la figuración renacentista y demuestra el empeño profesional del mundano *connaisseur* de la Villa I Tatti. A la mirada contemporánea, el contenido de estos estudios constituye un homenaje callado, pero sin punto de duda, al esteticismo que coloreó el salto de siglo, del positivismo decimonónico pormenorizado y puntilloso al arte nuevo que vive de sí mismo y conjetura audazmente las normas del gusto que desvela. El arte procede del arte, en efecto, y encuentra en la palabra el vector necesario para la persuasión sensible. Aquello que los clásicos griegos nombraban «écfrasis» y que trataba de traducir en palabras las sensaciones vividas. Ardua quimera. Sin embargo, esta vivencia y un esfuerzo titánico hicieron de Berenson el asesor artístico internacional acreditado que le daría fama y fortuna.

Nombres como Antonello da Messina, Giorgione, Botticelli, hasta llegar a Miguel Ángel a través del arte inesperado y torrencial de Leonardo da Vinci, junto a Donatello, Andrea Mantegna, Rafael y Tiziano. Los maestros de la mirada nueva, compleja, atrevida y versátil que entiende la «pintura como un arte», una doble matización de Berenson no siempre transparente: los materiales de la pintura como un medio artístico y la forma de manejar este medio con el propósito de alcanzar un significado, una configuración poderosa mejor, autónoma y singular, la obra de arte, según propone en un punzante esbozo originario. A la vez, diseñaba el mapa certero del coleccionismo de alto riesgo que deslumbraría al mercado artístico burgués y aristocrático en el periodo especulativo de entreguerras.

Una complicada ecuación entre arte y avidez que perturbaría a largo plazo a coleccionistas y museos, y que convertirá el nombre de Berenson en un señuelo garantizado de fiabilidad y calidad plástica. La asociación con Sir Joseph Duveen y otros mercaderes de arte vendrá pronto para nublar de dudas e inquietud una actitud diáfana y arriesgada, siempre dispuesta a la crítica y la comparación, los dos soportes sólidos del análisis artístico, como ha demostrado la bibliografía crítica última, sin disimular los argumentos que justifican arrepentimientos y rectificaciones que jalonan un quehacer casi centenario.

De otra parte, se percibe con nitidez en las propuestas incisivas de Berenson un programa abierto y exigente de lectura, indagación e intercambio crítico —libros, imágenes y conversación fue la consigna del sabio durante su oblicua, larga y fecunda vida—. Es momento de recordar que *books and talk* había sido felizmente el tratamiento liberador del adolescente enfermizo y ensimismado que era Gibbon. Bernard Berenson encontró en la pintura la forma sensible ideal para la intensificación activa de la experiencia artística que enriquece, por fortuna, la vida intelectual del lector despierto. Algo más que la práctica acerada de la curiosidad.

Norbert Bilbeny
Figuras de la imaginación

He seguido con curiosidad primero y con interés más tarde el itinerario intelectual de Norbert Bilbeny. Supongo que su brillante trayectoria académica habrá discurrido en paralelo —ética y estética— y colmado el malestar que la cultura —aquella añeja advertencia ilustrada que desenmascaró Freud— acompaña todo logro de la mente y lo convierte en aventura y riesgo. Una experiencia que, a buen seguro, le habrá mostrado a nuestro autor perspectivas de intriga e indagación nuevas y acuciantes que tornan su actividad en una ruta segura a la zaga de una vida entera. Recuerdo al joven Bilbeny, inquieto y quizás abrumado en calidad de colaborador del voraz ideólogo urbanista Oriol Bohigas, en una empresa cultural que como tantas otras no pasó a la historia. Le volví a ver más tarde ensimismado en un quehacer febril —había publicado un libro curioso sobre el filósofo heterodoxo Joan Crexells— en tanto se obligaba a repensar los anclajes históricos de la ética en el borroso e interesado mundo contemporáneo. Resultó vencedor. Pasados veinte años, asistió a una lectura mía convertido en dinámico catedrático de una ética sin adjetivo, en la envolvente palestra académica de una Barcelona posolímpica en proceso de normalización, quizás quebradizo, pero algo más que normativo y lingüístico. El espacio ideal para una ética de convicciones que seguimos, y cómo, echando en falta. Vuelvo a entrever a Bilbeny, siempre *laboris causa*, enfrentado a la quimera del arte —en su caso, la pintura, al parecer antigua querencia—, hoy sin canon compartido y al albur de la ocurrencia, la publicística y las circunstancias. Un nudo prieto de condiciones ajenas a la tarea esencial de pensar el arte en un tiempo de deriva. El espacio ideal, insisto, para esa ética de convicciones que añoramos y que cabecea a la búsqueda de modelos quizás provisionales pero fiables que sobrenadan las poéticas vencidas del mundo.

El texto que descubro al lector de hoy tiene, a mi manera de ver, bastante de ejercicio de iniciación al desnudar la corteza de la costumbre y depurar viejos tópicos con la mirada audaz del converso. Una mirada, así, abierta a las contradicciones de la cultura sensible que hoy ya no es servilmente visual, sino que se adentra en el ámbito impreciso y nada nominalista del concepto. Traza Norbert Bilbeny una suerte de «escala de Jacob», apreciativamente valorativa y cerrada, que arranca con el título quizás equívoco de «Tocar el arte», con la apreciación complementaria «Introducción informal a la pintura», que no sé si se ajusta al tono plural de los modelos puestos en práctica, permeados por dos poderosas tradiciones locales entreveradas de ejemplos de culto artístico que no descuidan la polémica: el *posnoucentisme*, como vértebra analítica del genuino arte moderno catalán, y el magisterio velado de Eugeni d'Ors, que presta la prosa al impulso narrativo del proyecto. En suma, un repaso de los orígenes de la pintura catalana de ayer didácticamente

diáfanos y con matices de envergadura plástica que singularizan el relato, como la polémica figuración/abstrac-
ción, piedra de toque del arte del siglo pasado.

Quizás sea el momento para el ajuste aproximativo a la
estética del arte. Claude Lévi-Strauss calificaba la experiencia artística como «síntesis simbólica», arraigada en la
tendencia que implicaría la inconmensurabilidad contemporánea de sistemas de simbolización, la fuerte asi-
metría en las filosofías del arte entre significante y significado. El antropólogo proponía la noción de «significado
flotante» para enunciar la versatilidad simbólica de los
objetos de arte. No me parece mala idea para ordenar la
elegida sucesión factual que propone Bilbeny al abordar
los mundos de arte plásticos actuales, en una secuencia
de entradas puntuales que ordena el libro y en la que
convergen ética y estética al tenor de la tradición filosófi-
ca europea. En las *Lecciones y conversaciones sobre estética...* apunta Ludwig Wittgenstein, el mayor filósofo del
siglo xx, que «representamos la estética ante todo como
la teoría (o la filosofía) de lo bello o del placer estético».
Un error análogo cometemos cuando «consideramos la
ética como una interpretación sobre el bien». «Todo lo
que digo sobre lo "bello" se aplica ligeramente matizado
a lo "bueno"», advierte el pensador. El nexo cardinal lo
situamos en «la cosa», la obra de arte y la multiplicidad
de actitudes y construcciones que de ella proceden. Un
desafío en el que Bilbeny hila historias y elaboradas maneras de hacer arte en el apabullante siglo xx.

En resumidas cuentas, apreciar la obra de arte es co-
nocer sus reglas, dominar las técnicas, entrar en una tra-

dición, es decir, algo que se califica por sus objetivaciones formales o explicativas. Cautela esencial que califica el relato histórico, narrativo, que el autor insinúa. Lo que cuenta es el dominio del lenguaje, nuevo y enigmático de las formas libres, cuya significación aporta y define el tiempo.

Giovanni Boldini
Ensoñaciones proustianas

En un reciente viaje a París a la zaga de Monet, me sorprende una cegadora retrospectiva, la primera en un siglo, de Giovanni Boldini en el Petit Palais: *Los placeres y los días*. El mago de la *belle époque*, se decía, de magnética irradiación femenina y elegida paleta cromática que había de modificar el gusto artístico de Marcel Proust. Un pintor negado con inquina por las vanguardias de entreguerras, cierto, y tolerado más que admirado en los salones mundanos donde triunfaban sus figuras y audaces imaginaciones sensibles. El pintor de los secretos de la noche y la insolente ostentación del despertar burgués parisino, de la resaca de la Comuna y los hechos de mayo de 1871. Un superdotado retratista de época, si queremos, con destreza, habilidad y disciplina formales suficientes para evocar el mundo disimulado de Proust en la más exquisita secuencia visual del universo culto de la «capital del siglo XX», entusiasta *di sotto in sù* con las desinhibidas siluetas coetáneas que llenaban confidencialmente álbumes y carnets de baile.

Boldini había nacido en Ferrara en 1842 en un medio precario: su padre era decorador y ducho artesano en el trazo de *madonnas* e inició al hijo en el arte, octavo de

un bullicioso clan. Escapado a Florencia, frecuenta la
Academia y en particular el Caffè Michelangiolo, cenáculo conspirativo de los *macchiaioli*, manchistas, entonces
una secta de arrojados especuladores del color, que legitimó al artista italiano en el activo mercado emergente
de retratos suntuosos y cosmopolitas europeos. Joven
resuelto, en 1867 saltó a París y en 1870 cruzó el canal
deslumbrado por la brillante tradición del retrato británico del clasicismo tardío. En 1871, ya de vuelta en París,
cultivó el costumbrismo y las efectistas *vedute* urbanas
—*Place de Clichy*—, desconcertado por el apabullante
trasiego humano en calles y plazas céntricas que reprodujo con convicción realista, y que le abriría pronto los salones de una *société demi-mondaine* en alza. Por sorpresa,
se convirtió en el pintor de moda del tablado burgués y
sus modelos marcaron época por los vistosos efectismos
cromáticos y la vivacidad de los fotogénicos encuadres
que describían una nueva y transgresora feminidad clandestina: *Feu d'artifice*, *Portrait de la princesse Bibesco* y
una apoteósica escena festiva, *Scène de fête*, son los ejemplos que definen la red social que Boldini administraba
con mano dura y exigencia ciega. Era hombre de malos
modos, bajo y recio, de mirada cortante y sonrisa fáustica
que dominaba el hechizo del encantador de serpientes:
los autorretratos son elocuentes y desenmascaran la arrogante distancia del dominador inmisericorde de modelos y clientes. Un mundo en descomposición, quizás, de
transgresión encubierta que ve en Proust, feliz coincidencia, el intérprete y acaso icono secreto.

   Degas y Sargent fueron, sin embargo, las referencias
pictóricas confesadas por Boldini, los ejemplos admirados con quienes intimó —y junto al primero llegó a re-

correr España—. La fluidez de la mancha tonal dota su paleta de un colorismo versátil, de insinuadas conjuras visuales que convierten lienzos, telas y brocados en el territorio aventurado de la experimentación formal. *Portrait de Miss Bell* se impone con energía: la mirada excitante, el gesto burlón de los labios y la desafiante seguridad de pose e imagen diluidos en un mar de color que funde negro y bermellón en una intrépida y forzada postura de alerta. Boldini es así el equívoco testigo de una sociedad a la que menosprecia, pero que alardea de dominar con la fascinación mágica de sus pinceles desbordados: compone y colorea con brío frenético.

El perfil cautivador de *Lady Colin Campbell*, en negro satín roto por las rosas tramadas en colores suaves, es un buen alegato. El artista cede el protagonismo al desnudo en marfil rosáceo en cuello y brazos que sugiere un erotismo punzante y perfila una escena cautivadora. Tan alejado de la *Conversation au café*, temprana estampa florentina de una minuciosidad abiertamente *belle époque* y quizás el contrapunto narrativo de los altivos retratos por llegar. Boldini es un artista que abomina del harapo y se cuela en los lujosos claroscuros de interior que descubren a una clientela ávida, caprichosa e interesada a la que deberá sin duda fama y fortuna.

Pero volvamos atrás. Por azar, tras coquetear con la *high life* londinense, que curiosamente lo encumbró en la cima de Montmartre al cerrar el siglo, Boldini sedujo a Berthe, compañera, cómplice y confidente, que transformó su vida convertida en modelo y acaso alcahueta y quien lo introdujo en el taller del marchante de arte del momento: Adolphe Goupil, admirador rendido de damas encumbradas y fascinado por guitarristas y matadores. Un mundo acaso viciado pero arrebatador. Los paisajes locales y costumbristas granjearon a Boldini nombre y seguidores fieles cuando el impresionismo declinaba, disfrazado con la esquiva máscara de la moda. También es verdad que solo entonces Boldini apreció en su dimensión real las calidades de los colores frescos, vivos, que despertaron su admiración por la pintura clásica y disciplinada que llevaría al extremo en las tonalidades absorbentes y tensión cromática que enriquecen los retratos femeninos. Con una excepción, diría magistral: el soberano retrato *Le Comte Robert de Montesquiou* que Boldini pintó al quebrar el siglo, de indulgencia atrevida y rompedora en atuendo y actitudes: bastón de caña empuñado en plata, en mano enguantada, chalina negra suelta, vista en guardia y atrevidos gemelos azul cielo, recostado indolentemente sobre un sillón entrevisto. La figura maldita y envidiada del depredador, sibilino protagonista de los excesos que describen la cabalgata de cegados ciudadanos del mundo en extinción de un artista incontenible. Eran las vísperas de la carnicería de la Gran Guerra, la maldición del siglo xx.

Canaletto
Tributo veneciano

Aprovecho la aparente distensión pandémica para escapar a Venecia. Un vuelo madrugador me deja en Mestre, donde embarco en el *vaporetto* en tiempo récord para aprovechar la mañana. Una diestra economía viajera que permite convertir tres en cuatro o cinco días de desbordada actividad museística. Tiempo atrás, durante mi última temporada londinense, alcancé a ver una muestra impresionante sobre Canaletto y sus *vedute* venecianas en la National Gallery, y me juré volver a Venecia, catálogo en mano y con mi viejo Baedeker de 1899, para rehacer la ruta del pintor sobre la laguna a través de aquellas visiones mejor ajustadas a la mirada contemporánea. Una experiencia a ritmo de góndola y pie de riba. El azar medió y el lance quedó en quimera hasta estos días en los que, diezmado el gentío, he podido cumplir el voto.

Desde que el conde mussoliniano Vittorio Cini obtuvo la concesión estatal de la isla abandonada de San Giorgio Maggiore, convento benedictino expropiado con saña y convertido en ruinas por Napoleón, el lugar se transformó en un potente foco de irradiación artística tutelado por un anciano *connaisseur* Berenson, sobreactivo, y las colecciones quedaron al cuidado de las intrigas legendarias de Federico Zeri y configuraron el espacio privilegiado para el intercambio de obras maestras que hoy disfrutamos. Entre ellas, un selecto conjunto de primitivos italianos que enriquecen las pinturas de Pontormo y Piero della Francesca, con pergaminos espléndidos como el ocurrente martirio de un santo cociéndose en un caldero, en azules bravos, mientras un piadoso angelín vierte un jarro de agua sobre el gozoso testigo de la fe. Dos apóstoles de Giotto cierran en oro la visita.

Las *vedute* de Canaletto me orientan por las tortuosas callejuelas de la ciudad lacustre, con Guardi y Bellini como cómplices necesarios. *Procesión en la plaza de San Marcos*, del último, nos ofrece una interpretación del humanismo teatral que abrió, ya entrado el siglo XVII, la manera de Canaletto y los maestros del esplendor veneciano junto a Bellotto y otros paisajistas. Canaletto y Cardevarijs fueron seguidores del tema con multitudinarios planos primeros de abigarrada presencia humana y vehemente porfía cromática: vence el veneciano con una brillante recepción en el Palazzo Ducale. Sorprende la verosimilitud de la representación —la plaza de San Marcos y la dársena del Gran Canal—, con la mole impactante de la Salute de Marieschi. Las vistas no ahorran los espectáculos populares de moda como la «casa del toro», durante una sonada visita regia, cuyas embarcaciones domésticas trazan una viva estampa viaria: pescadores arracimados en barquillas que saludan con calor o perspectivas lineales que ordenan con certero sentido arquitectónico la laguna en los días solemnes. Sin descuidar las apuradas curvas radiales, como en los rincones descuidados del campo de Santa María Formosa, de rigurosa sobriedad plástica, o la armonizada *Entrada al*

Gran Canal de Bellotto, ya en el umbral del siglo xix, que compite con la deslumbrante *Regata* de Francesco Guardi, contemporánea de la celebrada estampa de Canaletto de 1733.

Las festividades locales, en particular la Ascensión, marcan ritos señeros en la dinámica cultural urbana, tanto la dársena como el desfile de personajes callejeros, con mimos en danza, e invitan a la intervención del público en marcados atardeceres tonales de destreza perturbadora: el cielo que nubla el quiebro del Gran Canal, del danés Richter, o el sombrío apunte de Canaletto en el ocaso nocturno a las puertas de Murano, sesgado el perfil de la Salute en una imagen temprana del artista, prueba fehaciente de los rituales diplomáticos y sociales de aquel tiempo.

Panorámicas polícromas de San Marcos desde soportales o el ajetreado Gran Canal desde el puente de Rialto hacen justicia al genio veneciano y explican la secuela de seguidores inmediatos, con Lombardo y Joli como destacados artífices de un género artístico en alza que adquiere profundidad y realismo, diríamos, con los esbozos desde el puente y la dársena de San Marcos que pintó Bellotto para los ricos turistas británicos, hoy en Howard Castle, que descubren la escena con la sensibilidad popular y artesana en una Venecia en definición, durante el apogeo del *grand tour* europeo. Anunciaba, en la época, un reclamo comercial de Canaletto: «Pinta retratos y enseña dibujo» —¿a veinticinco *soldi* por persona?

La pintura magistral de Guardi llenará el siglo con pasajes urbanos y paisajes de elaborada avidez formal, lo que reduce la anécdota narrativa y destaca la exigente prioridad constructiva. El *Canal de la Giudecca* y *Murano desde la Fondamenta Nuove* son motivos ejemplares que acaso culmina la *Torre de Malghera*: admirable visión de la quietud del declive del día, con San Giorgio Maggiore captado desde la arcada del Palazzo Ducale.

Certeras muestras, en suma, de la sabiduría callada de un arte público que reinterpreta las imágenes, los motivos y las vistas sin cansancio ni descuido técnico o descriptivo. Escenas limpias de un mundo de arte colosal. El pequeño lienzo *La isola della Madonetta* señala el camino hacia un realismo testimonial e indiciario que se difundirá con el siglo en puertas. El tiempo de la experimentación. Desde siempre, Venecia pacta con el mar el imprevisible nuevo día, que atempera la inquietud sin disimulo del viajero en el momento triste de partir.

En el despliegue artístico de Londres citado destacaba una obra magistral de Canaletto: *Regreso de «Il Bucintoro» el día de la Ascensión*, en el MNAC, con espléndidos y esforzados remeros, grata sorpresa que orienta en esta ocasión mi trayecto veneciano.

Elias Canetti
Apología del cuentero: Canetti en Marrakech

«Los buenos viajeros son despiadados» es el epígrafe del libro sobre su viaje a Marrakech de Elias Canetti. Es curioso, parece como si la trayectoria imaginativa del escritor apenas fuese otra cosa que una obstinada y a menudo dolorosa tentativa de contar bien; detallada, precisamente, sin descuidar ninguno de los elementos significativos necesarios ni encubrir en ellos la responsabilidad, el compromiso personal, del narrador.

Hermann Broch, en una presentación que se ha hecho memorable, caracterizó, allá por 1933, la personalidad pública de Canetti como la de «un *spaniol* educado entre Suiza y Austria». En efecto, Canetti hereda de su madre, auténtico *fin-de-race*, el claroscuro, el matiz diferenciador de su lejana ascendencia hispánica, la voluntad de razón occidental; sin embargo, la fascinación que en su primera infancia recibe de su entorno rural originario, la aldea de Rustschuk, en la Bulgaria bajodanubiana —una comunidad hebrea intacta en el tiempo donde todavía se habla ladino—, se traducirá años después en su más preciado distintivo de identidad. Inmerso en una sociedad campesina orientalizada fuertemente y predispuesta siempre a marcar distancias con el Occidente

«moderno», su lengua civil será el búlgaro, en convivencia estrecha con ese castellano arcaico, ya anacrónico incluso entonces, legado familiar ancestral transferido en
calidad de lengua materna y que inspira las páginas quizás más vivas de su autobiografía.

Trasterrado a Inglaterra, en pos de una quimérica y
forzosa tradición comercial, convierte el alemán —también por ambición materna— en su lengua culta, o mejor
todavía, en su instrumento comunicativo fundamental:
la escritura. A Viena le conduce, asimismo, la arrogante
resolución de su parentela, que aspira a convertirlo en
alguien útil: nada de ambientes privilegiados y pocas
fantasías electivas; en el panteón vienés de posguerra
no hay espacio para Narciso: Wedekind, Strindberg,
Broch, Alban Berg, «la poesía de absurdo paisaje espiri-
tual de Kafka»... En suma, un lenguaje crispado para
un tiempo ilegítimo, de exhibicionismo calculado —de
«"máscara acústica" del yo» califica Karl Kraus los titubeos expresivos de la nueva generación implicada en la
derrota bélica.

Es esta una generación que tiene en Musil y Döblin a
sus hermanos mayores, y que se alarga monstruosamente
hasta la quiebra de Weimar. Canetti toma de su tiempo
el afán por la precisión, la obsesión por la verdad científica que salva del absurdo la vida humana. Pero, de espaldas a su época, desconfía de la capacidad experimental
del diálogo y prefiere anudar a conciencia los cabos que
sostienen el «interés» de la narración. Su tema es también
el conflicto perenne entre individuo y colectividad, en
un mundo en progresiva disolución del yo personal; en
la fantasía creadora de Canetti se sobreponen figuras y
situaciones cuyo absurdo alcanza a ser, las más de las ve-

ces, su condición de humanidad: el espejo nos devuelve la imagen de un ser grotesco condenado a errar sin sentido —y aquí la referencia a *El testigo oidor. Cincuenta caracteres* es obligada—. El humanismo seco y cortante de su estilo ya hecho constituye paradójicamente una forma saludable y desenfadada de apropiarse de aquella imagen terrible: lo monstruoso, nos alerta Canetti, sería fantasear elusivamente sobre ella bajo el pretexto de que nos es ajena. Reflexión de moralista, en definitiva.

Esa actitud, sin embargo, preserva a Canetti de los rigores expresionistas, de la sugestión manierista por lo grotesco; exagera la realidad, la disloca expresivamente en alguno de sus mejores cuentos, pero sin perder de vista cierto objetivismo picassiano que nunca transgrede los límites impuestos para caer en la ebriedad formal. Su fuerza narrativa encuentra en el detalle el vehículo perfecto de expresión. Multiplica en el relato las escenas superfluas; sobrepone caracteres y gestos en una aparente amalgama jamás caótica, desde luego; con ello acierta siempre, si la razón última del narrador es presentar la complejidad de las cosas. En sus primeras obras —*Auto de fe* (1935), éxito de amigos, pero sin apenas lectores; las piezas dramáticas tempranas o en su retardado éxito de público, *Masa y poder*— es posible detectar, sin duda, algún apasionamiento por la experimentación y el efectismo tendente a «irrealizar» acción y personajes, tenuemente surrealistas incluso. La fascinación por los ciegos, transposición emblemática de los sonámbulos de Broch, por ejemplo, hará decir a Fischer, mediada la década de los treinta, «Canetti era un *diable boiteux*..., de mirada maligna para todo lo maligno, que halla placer en lo deforme, en lo horripilante [...]». En *La comedia de la vanidad* fantasea acerca de

una aterradora ciudad utópica, donde el hombre, privado
de su propia imagen —sin espejos, fotografías ni retratos—, se precipita en la demencia más oscura. Para el
autor, el poder conduce indefectiblemente a la locura y a
la soledad: el demente que identifica su propio cuerpo
con el «cuerpo del mundo» y solo aspira a la beatitud suprema de la fusión anímica en una «masa» que le ofrezca,
cruel paradoja, la singularidad.

Pero Canetti es, sobre todo, un narrador de historias.
Testigo de excepción de un mundo cuya memoria se
mantiene por tradición oral, sus relatos pretenden la
audiencia y la atención que despertaba el cuentero en los
mercados de antaño, o que despierta todavía hoy en el
mundo cercano oriental. Su estilo es entrecortado, directo y expresivo hasta la distorsión de personajes y ambientes, como antes hice notar, y por ello difícil; no descuida
la mirada ni sacrifica jamás un adjetivo que pueda incidir
en la riqueza total de la representación. Hay mucho en él
de ese placer de la palabra que define las culturas latinas,
acostumbradas a grabar en relatos con moraleja las experiencias de la vida y su concepción peculiar de la historia.
Los hechos nunca son datos que permiten estructurar
una historia; son sucesos, situaciones, episodios que ayudan a imaginar la panorámica de conjunto. El ojo del
narrador es siempre activo; selecciona y transforma, crea
constantemente la realidad, al tiempo que la relata. No
deja de sorprender que entre nosotros, país de campesi-
nos por definición, pese a veleidades de coyuntura y co-
lonialismos ya estructurales, haya desaparecido tan rau-
damente el testimonio de la palabra; y más todavía
cuando el círculo ideal de lectores a duras penas excede
las cinco cifras. Quizás la aparente tosquedad formal de

Baroja, inventor de historias si los hay, se explique desde esta perspectiva narrativa; o la ética del adjetivo del catalán Josep Pla, por dar otro ejemplo, más próximo en su estupenda y fluida verbosidad al mejor Canetti. La eficacia de la palabra se prueba a sí misma en cualquiera de las páginas de su autobiografía, *La lengua absuelta*, que abramos al azar. El cuentero jamás diseca, escribe Steiner al comentar *El territorio del hombre*, sino que recrea su mundo en cada palabra del relato.

La hojeada superficial de *Las voces de Marrakech* nos depara, de entrada, un primer efecto sorpresa: ni rastro de la elaborada construcción de *Auto de fe*, ni la menor huella de la elipsis discursiva de *Masa y poder*. Canetti sintetiza aquí, en los catorce relatos que componen el libro, sus «impresiones» de una detenida incursión por la ciudad en 1954. Se trata, repito, de impresiones imaginativas, visuales casi, puesto que la penetración del autor enraíza en una decidida voluntad de comprensión del universo desconocido. Los rápidos apuntes, las estrictas notas de viaje aparecen disueltas en la fantasía del escritor, para convertirse en el soporte de esa nueva reconstrucción que son los «cuentos de viajes». En todos ellos domina la impronta de lo inmediato, de una experiencia vivida directamente que se intenta transmitir al lector sin artificios y con el menor número posible de mediaciones de «taller». Y en esta ocasión Canetti nos demuestra magistralmente que todavía es posible contar algo con sencillez, dando prioridad a los hechos, forzándolos si es preciso para que expresen sus cadencias más variadas. La elaboración «literaria» vendrá después, siempre con carácter adjetivo. El resultado es un lenguaje libre de presiones de género —como señala acertadamente Rudolf

Hartung—, muy rico léxicamente y saturado de signifi-
caciones hasta la contraposición.

Para Canetti, la sagacidad del viajero, llegado el momento de captar y comprender en sus entresijos el guiño
cómplice de una realidad diferente, diversa, pero que necesita entender de alguna manera para integrarla en su
experiencia vital, constituye el elemento definitivo a la
hora de hacernos partícipes de sus vivencias. El esfuerzo
del viajero es arduo, porque se basa en el ejercicio de una
comprensión sincopada, parcial: el turista, escribe, es la
caricatura moderna del viajero. Canetti, por el contrario,
entiende el viaje como la ocasión última para apropiarse
de un mundo extraño, en el que aun entrevé posibilidades autónomas de ser distinto. Y esa es la razón de que
sus cuentos de viajes aspiren sobre todo a la veracidad de
las imágenes: dramática o cómica, tanto da; humanizan-
do en la mejor tradición oriental animales y cosas, porta-
dores de sentido.

La voz del cuentero de mercado adecúa tonos y mo-
dulación, gestos y palabras a su auditorio. Cuando Canetti transforma esa voz en escritura, parte del compromiso, vehementemente asumido, de implicar en su relato
a los lectores más plurales. Abandona entonces su con-
fortabilidad europea, la intolerable tolerancia del viejo
escéptico, el paternalismo siempre ofensivo del hermano
sabio, y vuelve a los orígenes, a su diminuta aldea búlga-
ra, al círculo de allegados a quienes relata, al caer la tarde,
su experiencia viajera. El resultado, lector, es esta pequeña obra maestra.

Paul Cézanne
El artista en la ciudad

Cézanne se tuvo siempre por un pintor provenzal. El carácter reivindicativo de sus orígenes culturales le llevó a la mitificación de la Provenza arcádica, hasta el extremo de negar la capitalidad de París, que consideraba un poblachón inflado de burócratas y medradores donde incluso el aire era fétido e irrespirable. Sin embargo, Cézanne pasó la mitad de su vida en París, por más que la leyenda se obstine en convertirlo en un hosco e insociable provinciano de Aix. La exposición que presenta el Musée du Luxembourg de París —«Cézanne et Paris»— argumenta esta contradicción con abundante documentación histórica que puntúa el día a día del artista en la ciudad, sus sucesivos domicilios y las curiosas peripecias, artísticas y de todo género, que vivió en la ya entonces capital del siglo XIX. ¿Cuál fue el París de Cézanne? Un pretexto para su pintura: cinco escenas urbanas frente a las ochenta variaciones sobre la montaña Sainte-Victoire, L'Estaque o los feraces aledaños del Jas de Bouffan, la propiedad rural familiar que el pintor rehízo a voluntad y acabó en venta. Por encima de todo, para Cézanne, París era sus museos y un núcleo cerrado de pintores afectos o declaradamente desafectos en el espacio artístico que acogía los salones —oficiales o disidentes—, en un momento en el que la crítica ejercía una inclemente dictadura artística a cuyo juicio nadie escapaba. Por activa o por pasiva, era imposible no reaccionar ante el cruel veredicto que marcaba el destino prometedor o errático del artista. Los *Diarios* de los hermanos Goncourt dan cuenta afilada.

París fue para Paul Cézanne el Louvre. «El museo es el mejor libro que consultar, pero solo debe ser un intermediario». El estudio genuino y arduo debe centrarse en la naturaleza, en su desconcertante diversidad. «No debemos contentarnos con retener fórmulas precisas ni elaboradas soluciones cromáticas: salgamos al campo abierto a la zaga del motivo ajustado a nuestro temperamento personal». Un objetivo quimérico, por supuesto. Cézanne salió fascinado del museo porque descubrió en él numerosos espejos en los que reflejarse. En sus salas, el artista debía rastrear la orientación formal que despierta la respuesta plástica veraz, lo contrario lo llevaría a convertirse en *pasticheur*, una maldición que abisma al artista en la «más abyecta decadencia». Cézanne perseguía con empeño el signo propio, el tratamiento personalizado del motivo figurativo. Un arte de sensaciones cromáticas a la búsqueda de la concreción formal.

Pero París era también para Cézanne la ciudad de los salones, que a su llegada en 1861 dominaban el clima artístico. Un salón oficial, controlado por el Estado y regido por un jurado académico que levantaba ampollas por su arbitrariedad, una buena excusa para el Salon des Indépendants, que plantaban cara. En mayo de 1861, sin embargo, el salón era todavía el de Corot y Courbet, con dos soberbios paisajes de Manet que dispararon la ansiedad del artista de Aix, tras un lugar oficial que jamás logró. De hecho, el triunfo urbano de Cézanne en París vendrá de la mano del *marchand* Ambroise Vollard, quien por fin, en 1904, consiguió para el pintor una sala entera. Ya vecino de París, Cézanne se inscribe en la Académie de Charles Suisse, frecuentada por Delacroix y Daumier, pero en pos de modelos vivos y despreocupado aparentemente de la teoría artística. Allí descubrió la bohemia parisina burguesa o arrastrada, con dos figuras clave en su evolución artística: Pissarro y Guillaumin. Sin llegar a ser un *salonnier*, Cézanne frecuentó el hotelito Nina de Callias, donde se agazapaba la élite artística y literaria, con Mallarmé y Verlaine como pivotes de la provocación. Participó irritado en el Salon des Refusés y conoció a Renoir, aunque dedicara sus mañanas a la copia en el Louvre con Poussin y Veronese como guías certeros y Delacroix como el agudo disector de la pintura moderna. El exotismo del artista fue para Cézanne el estímulo necesario para profundizar en las experiencias plásticas que su retina transmitía a un cerebro efervescente.

Si observamos con detenimiento la arquitectura de los paisajes de Cézanne, detectaremos enseguida la importancia de las formas geométricas sencillas, que convergen en limpias líneas de fuerza orientadas hacia un punto central. Una composición triangular o rectangular cuya sobreposición planimétrica da entidad al volumen, a ese sentido escultural tan admirado por la crítica y la generación emergente: Picasso, Derain, Matisse. Un arte construido geométricamente, pues, que el artista rehace con secos toques de color. Por el contrario, lo que llamaríamos pintura urbana de Cézanne —*Los tejados de París* (1882) es el ejemplo supremo— demuestra un estudio detenido de la composición realista, que recurre a la abstracción para acentuar los efectos de lejanía y evita la sobreexpresividad tonal. La pintura citada se ordena en tres niveles: un potente plano en negro de cinc, con estrías verticales que sugieren el exterior urbano, al que se añade un neutro apunte ambiente y culmina en una panorámica distante de contornos difusos. Una investigación resueltamente pictórica.

Cézanne buscaba la confrontación con sus contemporáneos radicales y abominaba de la *retenue* burguesa. Bastan dos anécdotas divertidas. Cuando Manet le pregunta qué prepara para el Salon, es sencillamente grosero: *«Un pot de merde»*. Cuando le tiende amablemente la mano, le espeta, rudo: «Hace ocho días que no me la lavo». El artista debe responder a su temperamento, sin duda, y el exilio en Aix permite a Cézanne diluirse en la naturaleza y escrutar su complejidad hasta distinguir la articulación sensible. Un consejo de Pissarro que cumplirá a rajatabla. Cézanne continuó pintando *en plein air* en competencia con sus cómplices impresionistas, aquellos díscolos disidentes que habían alcanzado denominación de origen. En su último año de vida, aislado en el taller, renqueando, con el caballete y las pinturas a cuestas, con lluvia o sol radiante, el artista se adentraba diariamente a ciegas en el bosque, «donde siempre crece el silencio». Diáfana imagen que quiebra muchos mitos.

Paul Cézanne
Sensaciones de color

La Tate Modern de Londres acoge, al romper el frío, una muestra crucial de la pintura de Paul Cézanne, en torno a un centenar de obras significativas. El único maestro reconocido por Picasso, y ya es decir, dominó su época pese a los hábitos huidizos y huraños que lo distinguían. He de confesar que yo vivía en Londres en 1996 y asistí maravillado al despliegue irrepetible que se presentaba en la vieja Tate de Pall Mall: llegaba de París para concluir en Filadelfia en primavera. Un homenaje internacional al icónico artista maestro de todos.

Un pormenor de *Gran pino y tierras rojas* del Hermitage reproducía en el cartel publicitario una obra ignorada del pintor y el retrato adusto y malhumorado de Cézanne cerraba la exhibición. El hito cierto de un momento optimista.

Cézanne procedía de una solvente saga burguesa provenzal, su padre era banquero. Había coincidido en el acreditado Collège Bourbon de París con Zola, amistad intermitente y equívoca, y se matriculó a desgana en Derecho, carrera que concluiría en 1861. Pero su escuela de la mirada sería, sin duda, el Louvre, seducido por Velázquez y Caravaggio. En 1862 dejó el banco y topó al azar

con el Salon des Refusés, que le descubría un arte posible
y distanciado de la medianía convencional de los realismos firmados. Pizarro fue otro hallazgo decisivo que lo
condujo al impresionismo y sus variables. Admirador de
Courbet y Manet, un realismo de intenciones, estudió al
detalle la obra gráfica de Honoré Daumier y la entonación de Manet, que junto a la audaz figuración de Delacroix adelantaba su identidad artística. *El negro Escipión*
(1867) es una incursión pionera donde se perfila su voluntad compositiva y la serena exigencia cromática: el
color exalta la forma y hace vibrar la luz sobre el plano.
Lo que Cézanne llamará «solidificar el impresionismo».

Las grandes bañistas (1898) visualiza una temprana
convicción ya en clave monumental, convertidos los protagonistas en un tema eterno en la inquietud constructiva que matizará su tardío clasicismo figurativo. Siempre
respetado por sus iguales, el galerista Vollard y la amistad
con Picasso fueron los asideros de su evolución: asiduo al
Salon des Indépendants, en 1904 mereció la atención de
una sala personal y en 1907 una impresionante retrospectiva póstuma que lo convirtió en uno de los maestros
del arte del siglo xx. Picasso y Braque insinuaron su definición del cubismo auroral, nada menos.

La muestra de Londres es el espacio privilegiado donde admirar el legado permanente de Cézanne. *Cesta de
manzanas* (1895) y la secuencia de autorretratos que
abren las salas describen el proceso de «ardua realización»
del artista, que traduce a sensaciones las experiencias vivas y desafía con cortante distancia las vanguardias euro-
peas del siglo nuevo. La primera mitad de la exposición
analiza las relaciones afines de Cézanne, el entorno capi-
talino que lo circunda: la disidencia. La segunda mitad

apunta a la temática cézanniana: bodegones, retratos y bañistas que hablan del ámbito de callada notoriedad del pintor, siempre inseguro y encerrado en la soledad creativa del Jas de Bouffan, residencia campestre de la familia que acabó liquidando el propio artista por incontinencia financiera.

Sin duda, la amistad con Zola fue cardinal en la configuración de la creatividad sensible de Cézanne, al igual que las tracerías sabias y violentas de Pizarro, anarquista y condiscípulo en la Académie Suisse, intuyen la colorista desarmonía de las naturalezas, bodegones de frutas que afianzan la soltura genial del artista para atemperar la brillante variedad del cubismo primero.

Hombre de convicciones férreas y escéptico testigo de un presente inestable, los ecos de la Revolución francesa retronaron sonoros en la Comuna y la triple alianza de imperio, monarquía y república impregnó la periferia rural de París con violentas banderías que adelantaron el cerco de la ciudad por los prusianos. Un drama de época. Cézanne se mantuvo sereno y en guardia frente a la radical transformación social, y entendió la publicidad y la importancia de la litografía en la difusión de la cultura impresa. *La conversación* es un curioso testimonio veraz. *Anciana del rosario* y los retratos últimos de Vollard y Geffroy quizás aventuren una búsqueda expresivista declarada, en tanto la quietud magistralmente lograda en verdes azulados de *Lago de Annecy* comparte con la secuencia frontal de *La montagne de Sainte-Victoire* vista desde la cantera de Bibémus la concisión paisajística de la época sabia del artista. Esos pinos verdosos que actúan sobre la geología fascinante del paisaje. Con el ocurrente ocre de *Château Noir*, que demuestra la turbulencia de color y tono en la triunfal pintura final del artista: telas ni acabadas ni inacabadas en su geopolítica figurativa, manchas poderosas que tiñen el tiempo de limpias huellas de arte nuevo.

La sobria y escueta acuarela coral *Grupo de bañistas*, de 1900, es acaso el alegato de la maestría suprema de un arte concluyente que no necesita «decirlo todo» para compartir las emociones y querencias sensibles. Una pintura viva que revela a la virulencia del arte del día, el testamento lúcido y obstinado de un creador sencillamente genial. Un dibujo hecho a pincel que seguro que recrea la frescura de un instante gozoso y sorprendentemente feliz. «Solo soy el primitivo del arte nuevo, quiero morir pintando», la confidencia definitiva de un hombre sin tacha, de un artista que nos emociona con la sabia habilidad de sus colores en un tiempo tornadizo o, con mayor precisión, terriblemente estúpido.

Jean Cocteau
Un arlequín desconcertado

Sin motivo aparente, apenas el anecdótico aniversario de
su muerte, la figura de Jean Cocteau protagonizará el
otoño parisino. En septiembre se presenta en el Centre
Pompidou una ambiciosa retrospectiva de su actividad
artística, bajo el título «Jean Cocteau, sur le fil du siècle»,
organizada por Dominique Païni, Isabel Monod-Fontai-
ne y François Nemer, que reúne nada menos que nove-
cientos objetos, de los que treinta y dos son instalaciones
audiovisuales seleccionadas de su filmografía y los archivos de imágenes. Cocteau fue una personalidad sorprendente con una obra no siempre a la altura de las expectativas, que quizás hoy alcance mejor nivel de comprensión
que en otros tiempos más compactos. En la actualidad
nadie discute el papel preponderante de Cocteau en la
definición de una cultura francesa multiforme y esencial-
mente moderna. Pero acaso con Paul Morand es otro de
los grandes incomprendidos de su tiempo debido a que,
sobre todo, alcanzaron a representar una evasiva imagen
pública en años de certezas, de férreas complicidades
doctrinales en los que ajustaba mal la disidencia y, peor
aun, la irrefrenable coquetería mundana que compartieron esos dos personajes extraordinarios. Tal vez hoy haya

llegado el momento para la caracterización matizada y el balance sereno de su excepcional singularidad creativa.

Cocteau era un hombre de contradicciones: poeta, escritor, director cinematográfico, diseñador, dibujante y dramaturgo de excepción, con la rara virtud de cambiar de estilo y forma a voluntad. «Un barómetro del clima de París»: de la vanguardia al surrealismo, el dadá y un oportuno neoclasicismo final. Una de las figuras más deslumbrantes, sin duda, de la avanzadilla intelectual de su tiempo, que compartió intimidad incómoda con egos tan dispares como Proust, Modigliani, Picasso, Diáguilev, Erik Satie e Ígor Stravinski. Fue un novelista minoritario de registros ilusionistas y prosa simbolista, pero que jamás consiguió esa novela de impacto que marca una generación y convierte a su autor en el eje ordenador de una estética de época. En un momento, además, de narcisismos descomunales: Gide en sus años tempranos, Céline y Sartre en su periodo de madurez, por citar ejemplos rotundos.

Es cierto, y el tópico se ha repetido hasta la saciedad, que su obra pictórica se muestra embebida de las tracerías equívocas del Picasso cubista y, más tarde, del escueto clasicismo lineal del malagueño. A Picasso remite una de las querencias de Cocteau: el inestable arlequín de la tramoya italiana. Quizás estas similitudes vengan a demostrar un interés compartido y un universo de formas afín, enraizado en las rupturas vanguardistas que marcaron el punto sin retorno del arte nuevo al romper el siglo.

Me parece injusto, desde cualquier punto de vista, caricaturizar la ductilidad figurativa de Cocteau como un interesado pompierismo, sin atender a figuraciones del empeño de Orfeo, que constituye a la mirada moderna una inteligente depuración efectista del mito clásico. La exposición presentará trescientos dibujos, trescientas fotografías y veintidós pinturas originales de artistas que vieron en Cocteau a un serio renovador de la escena artística francesa. Entre sus obras, *Radiguet dormido* (1922) y el apunte *Roland Garros* (1915) dan una idea certera de su sencillez compositiva, tan cercana al esbozo expresivo que difundiría años después el cómic en los inicios de la contracultura. No es casual que a menudo se entienda a Cocteau como un anti-Duchamp, para ejemplificar la simplista polarización de las contradicciones del arte nuevo. Frente a la renuncia, la versatilidad de probarlo todo, de picotear con buen ojo en el territorio del arte con una insobornable voluntad de obra total. Un maestro, a qué negarlo, en el arte de aunar contrarios: promotor del jazz, del cine experimental y de la abstracción lírica, sin olvidar que patrocinó con su presencia mediática el primer Festival de Cannes y descubrió a Truffaut.

He disfrutado durante este mes de bochornoso siroco mediterráneo con la lectura de la biografía *Jean Cocteau*, de Claude Arnaud (Gallimard, París, 2003), aperitivo de la *season* parisina y sincero homenaje al irrepetible fabulador. El libro descubre, a lo largo de casi mil páginas de avara tipografía, los ambiguos bandazos de un joven burgués ensimismado. El libro nace, además, con un propósito apocalíptico. Pretende rescatar la imagen de Cocteau de un silencio de más de treinta años, desde que el intrépido norteamericano Francis Steegmuller «deconstruyera» el personaje y demostrara las «mentiras» que habían tejido sus fabulaciones. Era la típica biografía anglosajona saturada de datos pero tal vez ayuna de ideas. Sin em-

bargo, Arnaud opta por la reivindicación militante y el
lector lo agradece de verdad.

El autor nos relata la difícil singladura de un «niño
bien» nacido en una familia inestable, tempranamente
genial, que logró interesar a Proust y despertar los recelos
temibles del novelista, pero que entendió como pocos la
agónica figura del sobreviviente Montesquiou y la defen-
siva agresividad de la generación que se cerró en 1914.
Los Bibesco; una calculadora condesa de Chevigné que
desconcertaba a Proust; su hija Marie-Laure de Noailles,
musa y ángel malo de la sensibilidad de entreguerras;
después, la banda de Picasso en su tiempo de esplendor
en la Riviera francesa, son momentos de tensión en la
configuración del personaje público que fue siempre
Cocteau. Pero vividos con la intensidad de una personalidad compleja que admira a Breton, adora a Desnos y
reverencia a Gide sin apercibirse jamás de la debilidad de
sus ídolos. Para Bernanos, Cocteau fue un homosexual
vergonzante; para Breton, un infame; para Picasso, un
saltimbanqui divertido; para Genet, un pobre hombre:
un «acróbata impostor» que saqueaba con pericia a Max
Jacob y Picasso, y «debilitaba» la mitología griega con co-
reografías afectadas y superficiales.

Afortunadamente esta nueva biografía ajusta las
cuentas con rigor. La poética de Cocteau nos habla del
hipersensible subversor del legado modernista con una
fecunda capacidad para las imágenes, de *Plain-chant* a
Léone. *La gran separación* es un gran *roman à clef* y *La dificultad de ser* descubre un sutil manipulador de la percepción estética. Como memorialista, *Journal d'un in-
connu* devuelve densidad a unos años que la frivolidad de
Morand había desfigurado en mero decorado.

Los años de la ocupación y las veleidades germanófilas de Cocteau le hicieron flaco favor. No supo distanciarse del canto de sirena de los invasores y entendió ingenuamente la propaganda totalizadora como una punzante disputa cultural —lo francés como frívolo y popular, frente a la trascendencia germana—, deslumbrado por interlocutores de la talla de Jünger o el escultor Arno Breker o el salón mágico de la princesa Hélène Soutzó. El abismo de la monumentalidad, la estetización de la política. El personaje, en definitiva, acaba por devorar al creador, que deambula en la cruel posguerra como una sombra sin tiempo.

Sin embargo, la fina sensibilidad de Cocteau supo captar enseguida el impacto de la ciencia en la Europa de la reconstrucción, la potencia imaginativa de la multiplicación de descubrimientos científicos que jalonaron la década de los cincuenta. La certeza de que nuestro universo de hombres del siglo xx engloba una infinidad de «otros». Un príncipe educado en la fantasía que busca su reino en los confines de lo impreciso, en las ágiles arenas de lo insignificante, y se identifica con los fronterizos, sin patria, acróbatas, ángeles, fantasmas. Cocteau fue un «extranjero» con diabólica habilidad para utilizar los poderes deformantes del espejo mágico y arrancar de la gravitación terrestre frágiles criaturas que pueblan el universo de su fantasía. Cocteau fue un amigo a prueba de infidelidades para Picasso, fugaz e irrepetible para Raymond Radiguet, soportó la enemistad de Breton y los celos felinos de Gide, la crueldad de sus protectoras —de las Noailles a Misia Sert, pasando por Louise de Vilmorin y la embajadora Diana Cooper— y las confidencias casi siempre interesadas de los grandes de su tiempo: De-

launay, Man Ray, Duchamp, sin atreverse jamás a poner
en cuestión la entereza de quienes alguna vez habían ga-
nado su aprecio y admiración, como De Chirico o Stravinski.

Cocteau leyó la estética del simbolismo en clave romántica y propuso la vuelta a la antigüedad como un
maravilloso cuento de hadas. Entusiasmado siempre, y
fascinado por la imparable fuente de sorpresas que depara «la vida», aunque nunca terminara de entender los
confines de esa noción tan cómoda. Tal vez un *demi-
mondaine* imprudente —el Museo Reina Sofía mostró
años atrás una esforzada muestra sobre Cocteau y España, bastante elocuente para comprender su encanto cre-
puscular—. La impresionante adaptación de *La bella y la
bestia* (1946) no solo es una hermosa película, sino una
acabada reflexión visual sobre el equilibrio imposible entre el arte y la naturaleza en el crisol de la imaginación
artística.

Como Malraux, Cendrars, Montherlant o Céline,
aquellos soberbios inventores de sus vidas. Cocteau-Satie,
Cocteau-Picasso, Cocteau-Diáguilev, Cocteau-Panamá
Al Brown... Marais-Cocteau. Murió apenas unas horas
después que Édith Piaf, otra curiosa convergencia astral.
Mishima viajó expresamente del Japón para conocerle:
«Un hombre joven atacado por una enfermedad incura-
ble: la vejez».

Jean Cocteau
Vivir el arte

En un raro momento de serenidad, Jean Cocteau insiste en lo que llamaría su estética última, a partir de la idea, más que concepto, del *trompe l'esprit*, acaso una imagen ingeniosa del juego verbal que va más allá del enunciado feliz. Sostiene el poeta que toda acción artística acaba por suplantar al creador para proponerse como la forma de una vida autónoma o, mejor dicho, como la forma de un organismo dinámico, y Cocteau escribe sobre Picasso, hecho de vectores activos, de líneas y planos internos a la vez reconocibles e inimitables.

Descubro al azar entre las novedades del año, en las estanterías de una legendaria librería parisina cerca del hotel Le Meurice, una cuidada selección de escritos sobre arte de Jean Cocteau publicada por Gallimard, en admirable rústica, incluida en la colección Art et Artistes. El escritor era único en su tiempo, cierto, poeta, narrador, dibujante, diseñador, cineasta y dramaturgo. Una voz poderosa entre los creadores en el momento del despertar apabullante que protagonizarían las vanguardias estéticas al romper el siglo. El eco incierto que acompaña el malestar cultural en un tiempo bélico. Un artista, además, que cuidaba la figuración a través de unos dibujos

lineales sucintos, de eficacia mimética entre su generación. Una presencia notable, pues, a quien fascina la
imagen sensible, la fotografía, las escenografías y, curiosamente, la arcana industria textil. Un joven entusiasta, ensimismado y audaz que se apresura a situarse en
la avanzadilla (1915) de las mentes despiertas: Picasso,
Braque, Modigliani, junto a un grupo de activistas con
el malagueño, Man Ray, Chanel y De Chirico entre los
nombres extremos de una hornada cosmopolita y apátri-
da. Artistas, además, que rehacen vehemente la tradición
europea de un ayer —el Greco, Vermeer, Cézanne,
Tiepolo y Rembrandt—, pero sin olvidar las transgresio-
nes radicales de Leonardo, Gauguin y Van Gogh.

Esta nueva entrega parisina de los trabajos artísticos
de Cocteau viene acompañada de la sensibilidad singular
de David Gullentops, que caracteriza la actividad misce-
lánea y dispersa del escritor —trescientas y pico entradas
en cuatro apartados complementarios e intercambiables
que incluyen notas de prensa, presentaciones, homenajes
puntuales y rigurosas apreciaciones de cariz abiertamente
monográfico, publicadas en revistas punteras de la época, entre ellas, *Paris-Midi*, *Nouvelle Revue Française*,
L'Art Vivant y *Lettres Françaises*—. Una exigente y lograda panorámica cultural en el que sobresalen reiteradas
visitas a los maestros, la figura y la forma sensible en acción. Y que a partir de 1950 —trauma colaboracionista
incluido— alcanza la dimensión de un certero prontuario artístico y enuncia una depurada estética de situación
en los tiempos inquietantes de la reconstrucción europea, que abunda en la secuencia biográfica como *Le passé
défini* y los ensayos de crítica indirecta de 1932, invalua-
ble receta canónica para iniciados. En definitiva, las tra-

vesías con ojos abiertos por las estéticas cardinales que
han definido el siglo xx y marcan con su impronta formal la evolución plástica del lenguaje figurativo hasta la
airada secesión de los años sesenta, cuando la voluntad
de arte se quiebra y asistimos al nacimiento agresivo de
las poéticas visuales de autor. Quizás por un prurito de
precisión quepa hablar de la permeable disolución del
cubismo y el efímero despunte de los ismos de entreguerras para entender el inicio de la dispersión creativa que
sobrevive hasta el presente.

Ya Cocteau es consciente de la imprevisible desnaturalización de sus escrituras, así, en plural, de la concisión punzante de un relato enriquecido por cierta dinámica estricta de totalidad que escapa al bisturí del
tiempo y abrirá la opinión a la reescritura imaginativa
—conviven hasta seis versiones de un idéntico proyecto
expositivo—. Aun así, el concienzudo comentarista se
enfrasca en la definición de los periodos de la crítica de
Cocteau, que añaden transparencia a la claridad de la
prosa. De 1915 a 1937 el escritor se esfuerza por blan-
quear sus supuestos, siempre provisionales, de una estética radical —*Le secret proffessionel* (1922), *Le Rappel à
l'ordre* (1926)— que ajusta cuentas con la persuasión
«ísmica», perdón: fauvismo, cubismo, dadaísmo y surrealismo, para centrarse en el análisis de las obras contemporáneas afines, templadas siempre las generaliza-
ciones, por supuesto opinables. El modelo magnético de
Picasso se perfila obstinadamente como el protagonista
de las audacias por llegar: distanciamiento del cubismo,
analíticas plurales frente a una quimérica geometría ar-
moniosa para dar razón de las representaciones del
mundo sensible, con desdén hacia el dadaísmo y cautela

vigilante ante y frente el surrealismo doctrinario de André Breton.

Sin embargo, Cocteau no descuida la valoración de los maestros contemporáneos, como Apollinaire y Salmon; como modelo sobrepone a Diderot, Goethe y concluye con Baudelaire con la meditada cautela sobre la procedencia nostálgica de obras y tendencias figurativas. Una propuesta para pasar de la poética crítica que vuelve a sus viejos ejercicios de vocación sensible. A lo largo de la década de los cincuenta, la originalidad de una teoría del autorretrato y la falacia del *trompe l'esprit* que propusiera, como vimos, potencian la vida propia de las formas que oscurecen la estética existencial que contraseña apreciaciones que definen las últimas décadas de explosión artística de Cocteau. A partir de los años cincuenta, Cocteau precisa la entidad de la belleza de la obra de arte, ponderando su ductilidad para discernir entre los objetos de arte y las relaciones sensibles entre ellos. Vermeer atiende a la configuración espacial de los objetos, entretanto que Matisse cuida las funciones constructivas del cromatismo y centra su esfuerzo en el protagonismo de la iluminación para la estructura formal definitiva de la figura plástica. Una arquitectura constructiva que corrige la emoción, sin duda, y la búsqueda de los vínculos de semejanza que definen acaso la mecánica de las formas.

Winston Churchill
¿Pintor?

Dotado para la composición y exigente en el color, Winston Churchill trabaja el paisaje con destreza y se adentra en el retrato, e incluso en el bodegón, con resultados notables. Quizás inseguro por la movilidad de los modelos convertidos en un versátil haz de formas que disimulan la semejanza. La obra reunida por Churchill rebasa el medio millar de cuadros y nos habla, así, de un empeño firme a considerar más allá de su veraz confesión: *La pintura como pasatiempo*. Cuando la editora de Elba, y también traductora impecable, Clara Pastor, requirió mi opinión acerca de la acogida de la versión española fui claro: es un libro diáfano de un icono del siglo XX, perplejo frente a la insensibilidad alarmante de un tiempo hostil. Confío en que el lector compartirá la inquietud, y entenderá el relato como un arriesgado desafío del irrepetible estadista a quien la actual Europa en quiebra debe un respeto unánime: hizo frente a la barbarie en los años de fuego que marcaron la fratricida y mortal primera mitad del siglo XX. Sencillamente.

Tiempo atrás quedé sorprendido en Londres, en una galería de Old Bond Street, por dos pinturas de Churchill firmadas con seudónimo: unos logrados apuntes de color que rehacían el paisaje familiar de Chartwell. El homenaje quizás al recordado *Garden at Hoe Farm* del verano depresivo de 1915, recién cesado del Almirantazgo tras Galípoli. Churchill fue estimulado entonces por su familia para emprender la aventura artística de la acuarela, cuya fluidez lo desanimó, por lo que se lanzó resueltamente al óleo, que con el guiño de artistas amigos pronto llegó a dominar. Contaba ya cuarenta años. *El río Loup en Provenza* (1936) o *Marrakech y Las montañas del Atlas* (1943) son ejemplos destacados de una actividad creativa que buscaba en Madeira, Aviñón o la Riviera francesa la atalaya ajustada para la mirada certera. Acaso será justo recordar que la pintura tuvo para Churchill unos efectos terapéuticos y fue un antídoto para las depresiones que le atormentaron en su agotadora trayectoria. La pintura sería «fiel amiga» que se plegó a los danzantes escenarios de la vida del político, e incluso el consuelo inconfesado en el largo periodo de despierta decadencia. Buena compañía.

«Pintar constituye una diversión completa: sin agotar el cuerpo, absorbe la mente, aviva la atención y azuza la observación de la naturaleza, siempre enigmática para el ojo humano», piensa Churchill. Los colores se recrean y multiplican con mágicos matices, incluso con los ojos cerrados, insiste el artista en *La pintura como pasatiempo*, donde adelanta un análisis cuya profundidad impresionó al legendario historiador del arte Gombrich y había admirado a Picasso. En el fondo, el problema insoluble de las opciones visuales cruzadas entre el ojo y la memoria, como discute el historiador británico en fragmentos admirativos de *Arte e ilusión*. Churchill propone que cuando se pinta un cuadro la mirada queda prisionera del modelo, más tarde de la paleta —juez inmisericorde— y al final de la tela cruda, tras el depurado radical en «la estafeta postal» del estilo, que descubre el código plástico y orienta la limpieza creativa. Un esfuerzo elaborado a través y en torno de la pintura que, «como arte», abre las enfrentadas derivas a tener presentes pincel en mano. Los titubeos del toque sagaz y necesario.

La luz, sugiere el pintor, ya no es la claridad prestada por la naturaleza, en la que el arte, un criptograma feliz de asociaciones, ilumina el lienzo con un sinfín de posibilidades y lo convierte en pintura. Un criterio plástico. El vehículo de esta poderosa transfiguración es sencillamente la memoria. Cuando se trabaja al aire libre, la doctrina impresionista, la secuencia y el ritmo de la acción se suceden con celeridad y el proceso selectivo actúa inconscientemente, guiado por el repertorio de imágenes acumuladas —«la formidable herencia visual del pintor»—. El ajuste del encuadre compositivo, la energía de un color y la presencia del motivo buscan su lugar en el diagrama emergente que se perfila en la mente y dirige la mano que lo insinúa sobre el lienzo: el artista apela a la psicología visual para explicar el papel que la memoria desempeña en la pintura. El «servicio postal» traduce, según vimos, el mensaje de luz al registro del pigmento. Y, por supuesto, es la memoria el agente de esta milagrosa activación de aquellas pinturas conocidas. Vemos, o podemos entrever, la naturaleza a través del arte. No se rastrea un parecido, se encuentran libremente las sensaciones que configuran la impresión mental sobre la tela. Y concluye el historiador Gombrich: Churchill nos adiestra en la observación sabia, en la evidencia de que solo el arte reiterativo posee la larga y compleja historia que condiciona nuestra mirada, ya bien dispuesta para el ejercicio formal, artístico. La lección de los maestros.

En la *country home* de Churchill de Chartwell, Kent, hoy propiedad del National Trust, se conserva el estudio del pintor, con los ángulos de luz cenital bien marcados que vigila recelosa una cabeza astada de origen hispano-portugués, junto con los esbozos directos de sus viajes por Egipto, Italia y el mediodía francés como una ruta querencial de afinidades y sobresaltos. El camino apasionado, cierto, y siempre la experiencia viva del espacio que media entre luz y color en el impresionismo y el arrebato *fauve*: Manet, Cézanne, Monet, Matisse y la complicidad del arte grande en las ocasiones más complejas y los estados de ánimo más contrapuestos.

Si Churchill descubrió la pintura, «la alegría de pintar», tras el fracaso de los Dardanelos en 1915 y su impulsiva deserción castrense, una terapia salvífica, también es verdad que escuchó a sus tutores Sickert y Nicholson para después hacer lo que le vino en gana: «Estaba siempre dispuesto a aprender, pero nunca a ser adoctrinado», cautela ejemplar de la observación activa de quien, a su vez, fue testigo y protagonista de nuestro ayer. Acaso un hombre «carismático» en la tipología de la excepción de Max Weber. La pintura arrancó a Churchill de la soledad y puso a su alcance las armas del mundo de las formas de arte que intensifican la vida. Nada menos.

La cultura de la línea
Apunte en lápiz

Tiempo atrás, a raíz de una muestra sobre el dibujo moderno en el Museo del Novecento, junto al Duomo milanés, insinué lo que llamaba «la cultura del trazo», acentuando su presencia en la delimitación del espacio artístico. Retomo ahora el tema, pero con una cautela relevante: el trazo sugiere un haz de líneas y convergencias formales frente a la línea, en singular, que propone una condición deliberada en la actividad plástica: líneas de fuerza, líneas inductivas o concluyentes, entre otras. En suma, una secuencia de sinergias que apremian la voluntad de arte en un pintor y en un momento determinados. Kandinski, en una esclarecedora indagación en torno a los elementos esenciales de la práctica artística —*Punto y línea sobre el plano*—, entiende la línea geométrica como el ente autónomo decisivo para fijar la composición espacial, el rastro que deja un punto al avanzar en el plano. La geometría experimental de la Bauhaus dará cuenta exacta de la didáctica de la línea, que transforma la percepción del volumen y pone en cuestión el espacio en los inicios de las vanguardias centroeuropeas al romper el siglo XX.

Recientes investigaciones comparativas sobre la pintura audaz de Mantegna, por ejemplo, afilan la interpre-

tación centrada en la tradición de la línea, en sus funciones en la concreción del espacio activo o en la dramatización figurativa del Renacimiento. Ya Gombrich había
subrayado en *Norma y forma*: «La pintura ha configurado la forma de mirar la naturaleza. Y la pintura renacentista se inspira en la perspectiva geométrica que sugiere la
mirada». La línea no es, desde este punto de vista, el elemento constructivo que pugna por la imitación aproxi-
mada de la representación; la línea se multiplica más bien
en motivos radiales que vertebran y nutren el claroscuro,
el sombreado, y añaden intensidad a la escena artística.
La tendencia frontal de la pintura temprana de Mantegna,
y es un caso diáfano, sus personajes en diagonal, exigen
de la línea ductilidad y expresividad a la par, con sorprendentes resultados en la búsqueda del parecido en
imágenes y figuras. El efecto gráfico que las estéticas de
disciplina analítica califican de *likeness*, semejanza, arranca con Sir Joshua Reynolds y tiene en cuenta la elaborada teorización formal del filósofo escocés David Hume
—*La norma del gusto*—, para ceñirnos al modelo discur-
sivo anglosajón. Se trata de trazos sutiles y puntuales que
ayudan a matizar la luz de las sombras y reproducen el
entorno físico en una deriva de eficaces contraposiciones
visuales. Solo en las sombras se aprecia la maestría del
artista y su dominio del vector lineal, insistía Durero, tan
cercano a Bellini y Mantegna en sus apreciaciones sobre
el dibujo y el grabado a punta de plata. «Las consecuencias lumínicas del claroscuro no tienen precedente, son el
resultado del espesor sutil del trazado del contorno y las
hechuras internas», continúa el artista alemán al hablar
sobre la línea, doblado de tratadista. Pero sigamos con
Mantegna.

El pintor se formó como artista en el brillante siglo xv toscano y trabajó la expresión y la perspectiva a partir del magisterio enriquecedor de Paolo Uccello, Andrea del Castagno y Filippo Lippi, que hicieron del taller artesano escuela de la mirada y diligente indagación del concepto artístico renacentista. La decoración de la cúpula del Palazzo de Mantua, y sin duda más cercana a nosotros, la pintura *Oración en el huerto*, en la National Gallery de Londres, denotan la impronta profunda de Giovanni Bellini y proponen una limpia proyección lineal, en estelas sobrepuestas, que el color agudiza, y todavía nos desconciertan con su sorprendente vigor constructivo. La línea señala los planos que rehacen la abrupta orografía del paisaje. En definitiva, la secuencia sostenida delimita el territorio formal que nos aproxima a la clave y estructura de los estilos figurativos en liza: el goticismo punzante, por supuesto, y la reconstrucción geométrica, ideal, del paisaje en perspectiva exigida por la cultura científica renacentista. En efecto, el protagonismo necesario de la perspectiva lineal entendida como forma simbólica era el argumento central del historiador Erwin Panofsky cuando describía el rigor científico que alienta la teoría del arte humanista. La mirada del arte moderno, para hablar con claridad.

Sin embargo, a partir del afianzamiento y la complejidad de la mirada nueva a lo largo de la era industrial —atención al sensible salto cronológico— y la creciente difusión tecnológica de la imagen, ya en el ocaso del siglo xviii, la línea se transfigura en el elemento plástico pertinente para definir las diversas variables formales o narrativas que adelantan un proyecto artístico original: la línea sugiere el movimiento, cierto, y aquilata la densi-

dad de las imágenes a la vez que su valoración como elementos independientes, orgánicos y activos.

La cultura visual moderna, pienso en Goya, recupera
imaginativamente la línea y la armadura del dibujo en la
concreción del espacio figurativo, en el que, no por azar,
se actualiza el drama plástico entre forma y signo que
hace perdurable la obra de arte, el lugar privilegiado para
lo inesperado y la sorpresa. *Los Caprichos* son, acaso, el
mejor testimonio. La línea domina el dibujo y adquiere
una dimensión distinta, activa, que no es un forzado ar-
did de memoria, casi me atrevería a decir líquida, si la
noción no estuviera tan adulterada por la publicidad en
alza, y se afirma en el espacio como un concepto artístico
esencial, modificador de la compleja percepción sensible
de las cosas. La estela que sostiene la mirada humana.
Además, desde cualquier punto de mira conceptual o
constructivo, y sea cual sea la técnica de representación,
el formato material o el soporte en práctica. Quizás ha
llegado el momento de escuchar a Leonardo: «La línea
no comprende nada más allá de la superficie en la cual se
finge la representación o el contorno de toda obra sensible. La interpretación corresponde a la fantasía y queda
al arbitrio de la imaginación». Sutil lección práctica.

Hace unos años visité en el Museum of Modern Art
de Oxford una muestra muy cuidada sobre la tradición
clásica en la pintura. Frente a un impecable perfil de Canaletto, se situaba un atrevido esbozo a sanguina de nuestro coterráneo Jusepe Ribera —Lo Spagnoletto, precisa-
ba un añadido en la cartela de caligrafía posterior—, tan
apreciado por los coleccionistas británicos de la época.
Veamos. Un exótico ermitaño o santón acodado en un
árbol de ramas resecas levanta su recio brazo en gesto

persuasivo y descubre una visión celeste e iluminadora que desconcierta al espectador. En contraste brusco y terrenal con el humilde campesino burlón que, de espaldas al motivo, alivia sus urgencias en un *pot* de barro improvisado, acaso una liberadora chanza mediterránea, en un trazo a línea sin levantar la mano.

En estos días, la pintura magistral *Venus y Adonis* de Ribera, y llega ajustadamente al caso, está presente en majestad en la exposición «Pasiones mitológicas» del Museo del Prado que celebra la aparente tregua pandémica y la reapertura pública del museo madrileño, ejemplarizando una manera transparente de poner en valor la fuerza de la línea en una composición a mi parecer modélica, ahora cromática. La línea limita el plano que se hace mancha en bermellón radiante y deriva en diagonal constructiva. La libertad de trazo y flexibilidad formal que proclaman el naturalismo triunfante del pintor setabense. Cielo y tierra en una misma escena parabólica, e incluso en el mismo plano, que el juego de líneas aproxima en trazo o en color. La extrema versatilidad de la línea, así pues, como vector radical de la composición.

Lucio Fontana
El arte del punzón

En unos días de agitación electoral italiana, vaya pues, alcanzo a visitar en el territorio privilegiado de la Fondazione Magnani-Rocca paduana, una rigurosa presentación de la obra de Lucio Fontana con el título audaz de «Autoritratto». Días pasados rehíce la experiencia en la galería de Helga de Alvear de Madrid, con otra atrevida muestra de la cerámica singular del artista argentino, creador imaginativo del espacialismo y pionero de una dinámica formal fuera del tiempo: mediaban entonces los cuarenta y la propuesta resultaba cegadora. Los cortes, perforaciones, punzadas y agujeros sobre la superficie limpia de la tela nos alertaban frente a la tópica bidimensionalidad constructiva y prefiguraban la avanzadilla ideal de una severa intervención que aunaba belleza, agilidad y maestría.

Fontana murió y no alcancé siquiera a verle en la Biennale del 66, que al parecer visitó, pero escuché los cálidos testimonios de alumnos y colaboradores de su momento docente en la Escuela de Artes Plásticas de Buenos Aires. Un comunicador magnético, aseguraban. Hijo de un escultor, Fontana optó por la objetualidad dinámica de tendencia futurista, pero siempre cercano al movimiento Abstracción-Creación de París, donde coincidió con Brâncuşi y Miró. *Manifiesto blanco*, en español y de 1946, fue su primera llamada de atención. En 1947 se instaló en Milán, donde redactó sus acerados manifiestos espacialistas, obsesionado por el vacío que agredía unas perforaciones y telas agujereadas impactantes. Los *Buchi*, que culminaron con los *Tagli* y darán entrada al segundo manifiesto espacialista de 1958. Las celebradas cerámicas —*Nature*— son agudas advertencias matéricas en terracota que abocarán en la abstracción de los espacios lunares en blanco, tan influidos por Arp, que destacaron en la citada Biennale de 1966. La retrospectiva de París de 1987, ya póstuma, situó la obra maestra de Fontana en la vanguardia objetual y performativa en alza.

Mediados los sesenta —el artista moría el año astral 1968—, su obra deslumbrará la escena artística con punzadas, huecos y vacíos que no pretendían negar la vertebración tradicional del marco, sino priorizar un radical gesto informalista en un tiempo de reconstrucción internacional. La búsqueda de otra dimensión expresiva, en suma, que pronto superará la oclusión compositiva y dejará en libertad sin cortapisas la imaginación visual. Fontana escribía en los inicios de los sesenta: «He terminado casi treinta balones en terracota, con grandes tajos y agujeros..., es la nada, la muerte de la materia y la pura filosofía de la vida». Tal vez.

No se trata de insistir de nuevo en la pintura o la escultura como artes con historia añeja, sino de dar entrada a la experimentación espacial forzada ahora a vislumbrar lo inesperado. El vacío impregna por entero la obra añadiendo a la cerámica sugerentes construcciones arquitectónicas y lumínicas con las entonaciones soberanas que percibimos en Siracusa y en las aventuras cinematográficas de los pabellones Breda y Sidercomit de la Feria de Milán en 1953, ya en liza con la industria del metal. No en balde en 1957 Fontana había topado en Londres con la sorpresa inverosímil de la ciencia ficción, que lo conducirá a la versatilidad del Independent Group de Hamilton, con sus elocuentes y arriesgados modelos constructivos —*La casa del futuro*— en plástico y de candente voluntad efímera.

Los proyectos finales de factura digamos atmosférica —*Ambiente laberinto*— se presentan a la mirada del espectador como acerados desafíos de espacio y luz perturbadores, que exigen un mobiliario exclusivo, original y rompedor. La cerámica desbordada que inunda estos días la citada galería madrileña permite al observador evaluar la certera indagación formal de un atento y consumado artista que admira a Picasso y a Miró, pero que propone un lenguaje inédito saturado de posibilidades comunicativas. El espacio ilimitado, la coloratura historicista y la incisión seriada habían sido punteras intuiciones artísticas en la actividad de Fontana desde la década de los treinta. *Testa de ragazza*, de esos años, es un buen ejemplo: una figuración que niega las estéticas lineales del cubismo y adelanta el esfuerzo de la escultura abstracta en cemento, como consiguen asimismo los elegantes tajos de la década siguiente. *Il pane* resulta una osadía acaso improvisada pero inquietante.

El retorno casual a la figura en la cerámica de los cincuenta, de temática abiertamente clasicista y barroca, aumenta el compromiso comunicativo de Fontana, en efecto, y expresa una depurada selección formal. Las variaciones sobre *Minerva*, en bronce, hoy en la Universidad de Milán, son contundentes. Los enérgicos tajos del artista de los sesenta, *Ramas con laceraciones* o las incisivas terracotas ovales de la década, representan, a no dudar, el legado estético personal de Fontana. Sus obras son piezas hoy legendarias, como *Il sole*, en bermellón con pensadas punzadas en círculo, o la sutil *Atessa*, cortes rotundos sobre hidropintura que abruman al visitante en el Museo Novecento de Florencia, síntesis también seriada de una práctica nueva y ocurrente del inabarcable porteño, un pesimista convertido al optimismo. El artista confesaba en el rotundo manifiesto fundacional: «Todas las cosas surgen por necesidad y valoran las exigencias de su tiempo». Modesta y molesta verdad que nos desvela Fontana.

Piero della Francesca
Intensidad

Hace años, al hilo del centenario de Piero della Francesca, recuperé tres interpretaciones modernas que orientan la comprensión actual del pintor y favorecen su lectura. Hablaba de Berenson, Longhi y Kenneth Clark, tres clásicos de la historiografía artística con desigual presencia peninsular, que daban cuenta de la intensidad indisoluble de forma, imagen y relato que garantiza sobre el tiempo la habilidad del crítico para la comprensión de las tramas inextricables del arte. Afortunadamente contamos, al fin, con el ensayo decisivo de Roberto Longhi —*Piero della Francesca* (Elba, 2021)— en impecable presentación del anticuario Artur Ramon y lograda traducción de José Ramón Monreal. Caravaggio y Piero fueron las dos obsesiones crónicas del maestro piamontés, en tantos órdenes pionero de una visión artística compleja, a la par que diáfana y absorbente. El azar me permitió escuchar en la Universidad de Florencia una de las últimas lecciones de Longhi, estudiadamente atento y cuyo perfil fascinante despertaba la curiosidad atenta de unos universitarios de traje oscuro y corbata. Los tiempos del arte no son los de la vida, ciertamente.

Longhi había entrevisto el enigma de Piero en 1914, deslumbrado por la originalidad del tratamiento espacial

y el entramado cromático de la dinámica plástica renacentista. Para Longhi, la perspectiva añadía en su pintura
«un clasicismo espontáneamente arcaico». Una poética
sutil que justifica el engarce formal sobre el tiempo en la
escena figurativa. El soberbio fresco *El bautismo de Cris-*
to, en la National Gallery de Londres, es un buen ejemplo. La humanidad de Jesús y la silueta distante de los
ángeles, enmarcados por la feracidad del roble espléndi-
do que cierra la escena. La interpretación de Longhi nos
lleva a un tardío Berenson, 1950, cuando califica de
«inelocuente» el arte de Piero porque abandona florituras
y adornos góticos para ajustar la construcción genial de
la escena: el limpio espacio que evoca un motivo bíblico.

«La pintura se sostiene en tres principios: dibujo,
composición y color», aseguraba Piero, como perspicaz
teórico, en la elaborada *De prospectiva pingendi*. La emoción que todavía despiertan vivamente en el espectador
sus cuadros se fundamenta así en una «sólida geometría»
que remeda, vaya, las habilidades del centrífugo ordenador actual. Sin embargo, Roberto Longhi rehace con la
mirada figuras y elementos constructivos que dramatizan
las imágenes del artista, deudor en su formación de Ma-
solino y Paolo Uccello a la zaga de un arte nuevo que reniega del efervescente goticismo tardío, pero ni la cruda
actitud temporal ni la parafernalia bélica quebrada son
otra cosa que fiables puntos de hilación en el estricto
programa perspectivo. Una visión tan acertada como
una estricta ley lógica. El guion que da vida a la «amistad» de los colores que proponía el tratadista Alberti,
cuando el claroscuro mengua en favor de la luz tenue
pero transparente que dibuja los objetos. Una síntesis
magistral de la topografía del cuadro material en Masac-

cio, y las «dislocadas expansiones cromáticas» de Masoli-
no, a lo que añade Longhi el esfuerzo genial que rematará la obra maestra.

Es cierto que la ductilidad geométrica permite a la
composición plástica una libertad cercana a la mirada actual y evita la centralidad alerta del dogmatismo de la
imagen, estimulando la emoción que toda obra de arte
acabada debe transmitir al público. Con Piero, hombres
y santos, «de igual envergadura en el paisaje», visualizan
una familiaridad rústica inmersa en el espectáculo del entorno al mediodía, insiste Longhi. La intensidad, en
suma, que define la obra madura del artista y proyecta
con enérgicas tracerías los motivos plásticos doblados
por un colorido trascendente que enriquece mágicamente la escena, concluye Longhi: «Los codos de los personajes marcan una curva arqueada en el camino, la cabeza
parcheada por el blanco de la calvicie reproduce la suave
topografía de las colinas». La prosa del Novecento que
califica la reflexión erudita pero flexible del maestro italiano. Una escritura que se trueca en brillante ejercicio
literario. El estilo demuestra la calidez verbal que sorprendía en Florencia a los oyentes de un profesor entusiasta. Aquí enraíza la clave, a mi entender, para calibrar
la actualidad de Piero, tan sabiamente recuperada en su
intensidad por Longhi.

Las figuras sobresalen de la reductiva superficie del
muro o el lienzo y actúan ante los ojos del espectador,
que las percibe y activa como en una secuencia escénica:
se insinúan así estados de ánimos y gestualidad narrativa inadvertidos. Los gestos elocuentes de la victoria de
Heraclio de Arezzo o los durmientes de *La resurrección
de Cristo* en Borgo Sansepolcro lo atestiguan. Sin duda la

complejidad para traducir el estilo incisivo de Longhi hace temeraria la empresa, y sitúa la complicidad entre pintor, crítico y traductor en el entramado comunicativo ideal para la comprensión contemporánea. Longhi desvela la pintura soberbia de Piero, cierto, pero a la vez la hace llegar al lector a través de una retórica veraz, pero también grácil y polifónica como exige nuestro ahora, y mantiene alerta la tensión que despierta el arte añejo: describir con palabras las emociones calladas que subyacen en las imágenes de ayer.

Si el elocuente Berenson había denunciado con brío la inelocuencia de Piero —un lenguaje plástico ajeno a la emoción—, el arduo trabajo del texto de Longhi recupera ahora el diálogo silencioso entre figura, imagen y relato que vivifica las «sensaciones ideadas» que rigen la escena. El poder esencial de la escritura descansa en la mirada, sugería en 1923 nuestro Jorge Guillén, en plena polémica modernista hispana.

Lucian Freud
Desnudos a plena luz

Lucian Freud escapó del nazismo con su familia a Londres en 1933. Había nacido en Berlín en 1922 y era el nieto preferido del pionero del psicoanálisis. Entre 1939 y 1943 estudió en la Central School of Arts and Crafts con anónima presencia. Sus primeros trabajos denotan la sombra velada de Grosz y Dix, con atrevida figuración colorista próxima a Schiele (*Los refugiados*, 1941). Pronto intima con Francis Bacon, a quien retrató en 1952, con una dimensión plástica contenida. Freud prosiguió su obra con una leve impronta surrealista —*El salón del pintor* es de 1944—. A partir de 1954, Freud descubre una audaz figuración realista de registro clásico —amigos, arrabales y apresuradas escenas urbanas ya individualizadas—, con dos retratos maternos que iban a deslumbrar en la Biennale veneciana. La piel humana transfigurada en una «membrana maleable» que cubre las recias anatomías. Los modelos de Freud posan desnudos, tal vez mejor desvestidos, bajo una iluminación cruda y sin sombras. Un desafío provocador: el tributo debido a la pintura. Un realismo obstinado, diría, que sorprenderá en Londres junto a Bacon en la Tate Gallery de Pall Mall en 1977.

«Lucian Freud. Nuevas perspectivas» es el homenaje del centenario del artista que llega a Madrid desde la National Gallery londinense. De hecho, una reinterpretación radical de su legado orientada por David Dawson y conducida por Daniel Herrmann y Paloma Alarcó en su vertiente formal. *El salón del pintor* es de 1944. En esta nota quiero detenerme, con todo, en esa luminosa concreción del realismo que define el arte del pintor, dejando de lado la compleja aventura biográfica escrutada con lupa por William Feaver en *The Lives of Lucian Freud*. Lucian solo percibe en el tiempo la excelencia: medieval y renacentista en la tradición europea de Holbein, Cranach, Rembrandt y Tiziano, junto con la tensión imaginativa y visual, digamos, que añaden Watteau y Cézanne, el reto de situar la naturaleza como un motivo esencial.

La exposición madrileña arranca de los inicios firmes de Freud en 1940, con avances de pincelada de presión firme y densidad de pigmentos: la intensificación de la realidad fue una obsesión vital del berlinés, que quizás conociera las agudas especulaciones de Berenson. Los paisajes, pero enseguida los retratos, adquieren una vitalidad propia y a partir de 1960 el artista renuncia a la versión frontal para experimentar la provocación transversal en sus magnéticas anatomías. Intensidad y poder son ahora secciones que puntúan el itinerario de la muestra, e insisten en los valores plásticos del cuerpo humano. El pintor empieza a pintar de pie. Volumen, prestancia y textura son, así, los vectores cardinales de la exposición, con curiosa ternura en la representación ajena a la violencia genuina de los modelos de Bacon. Pintura y memoria.

Si repasamos por décadas las obras que llegan a Madrid, se afirman a mi entender como «pinturas de intenciones», y conducen a una cabal pintura de convicciones: el hombre es, en definitiva, figura y gesto, como acentúa el arte de Freud. Alumno desigual, el joven Lucian descubrió en el Soho la peligrosa versatilidad del hombre de posguerra y la voracidad desmedida de una ansiedad estimulada por la veracidad detonante de las imágenes plásticas que pueblan la figuración sin adjetivos en la era posbélica, cuando ya apuntaba una vanguardia plural en liza. La década de los noventa son un momento astral para el pintor: Leigh Bowery se convierte en un modelo icónico. Freud recurre al poeta Eliot y confiesa: «Los amasijos de harapos, esos detritos sucios y maleables, van asomando como espectros plásticos de enroscadas y transparentes figuras de la memoria: rocas, sudarios o las olas de un mar embravecido». El arsenal provocador de un oscuro trapero de Paddington.

Pintor trabajando, obra madura de 1993, es acaso el manifiesto del momento: el artista nos mira con perplejidad, desnudo, espátula en mano, entretanto muestra la paleta donde emerge la historia viva. *Muchacha con perro blanco* (1952) y la desconcertante *Habitación de hotel* (1954) son obras totémicas, como *Reflejo con dos niños* (1965), cuyas gradaciones anuncian el *Doble retrato* de 1985 y *Bella y Esther* de 1988. Las soberanas imágenes del barón Thyssen, David Hockney o el implacable *Autorretrato reflejo* abren con fuerza el nuevo milenio.

La sección final, «Carne», serie definitiva de desnudos hirientes, son para el pintor figuras y testimonio de gravedad: retoman la crueldad expresivista y laminan el expresionismo de tendencia. Una serie abiertamente subversiva que tal vez muestra, sin estrategias de estilo, la verdad desnuda del hombre en un siglo despiadado que desprecia el pudor y lo convierte en síntoma de otra realidad furtiva. Las anatomías exultantes rozan la indecencia y son el aporte cardinal del instante creativo.

El estudio del artista se convierte en el escenario del drama activo de una vida entregada a la pintura. Una vida sometida a la dictadura del pincel, en una atmósfera tensa de desazonadora realidad donde es difícil entrever la serenidad que exigía el clásico. Tiempo alerta. Sin duda, y vuelvo la mirada atrás, *Doble retrato*, escena curiosamente idílica entre mujer y perro, despliega una delicadeza insólita para una época destemplada. El artista es rotundo: «Pido a la pintura que asombre, perturbe, seduzca y convenza», proponía el anciano Freud en Kensington, en el centro de Londres. Última lección para el siglo XXI. En el fondo y en la forma un ideario piadoso, sin discusión, incluso optimista.

Lucian Freud
Las siete vidas de Freud

Adquirí en París, en vísperas de la bíblica pandemia, un libro que me cautivó. Destacaba en el escaparate de la Librairie Galignani, junto al hotel Brighton, que mira a las Tullerías, *The Lives of Lucian Freud*, de William Feaver, acreditado crítico de *The Observer*. Mediada la pandemia, compré, también en París, el volumen segundo de esta monumental investigación, más bien pesquisa, modelo de la narrativa biográfica anglosajona. ¿Razones del curioso plural del título? Sencillamente que el artista simultaneó un sinfín de momentos que servirían para definir una vida entera: nieto del médico vienés legendario, emigrado temprano, bohemio convicto, más devoto de Baco que de Minerva y adorador rendido de Venus, nada menos. Pero sobre todo un pintor de excepción, dotado mágicamente para el retrato, que junto con Bacon ha subvertido la originalidad del género, como si el parecido fuera el enigma de la interpretación clásica. La desbordada figuración de Bacon y la carnalidad impúdica de Freud señalan hitos del desnudo moderno. Embebidos en la tradición europea, cierto, con atisbos surrealistas ambos y poderosa carga expresionista: Lucian había nacido en Berlín en el ambiente turbio de entreguerras, un realismo nutrido de calladas provocaciones formales de Grosz, Schiele y Otto Dix. Amigos al azar que compartieron vidas crispadas con altibajos detonantes que acabaron mal. El Soho londinense visualizó en ellos la clave de extraterritorialidad artística que el airado irlandés ansiaba y el berlinés vivía dramáticamente.

Los dos caudalosos volúmenes —rebasan las seiscientas páginas cada uno— demuestran la escrupulosa manera de contar que distingue al autor, cómplice ocasional y testigo de cargo de jugosos episodios magnificados en ficción: *Los años sin descanso* y *Fama* son los incisivos subtítulos narrativos de la trama. Lucian Freud, berlinés de 1922 y emigrado con la familia a Inglaterra en 1939, se formó en la Central School of Arts and Crafts de Londres a la sombra más sentida que vista del expresionismo centroeuropeo, para descubrir el surrealismo en el Salon de Peinture del París posbélico. Pero su arte se asocia con el realismo diríamos crítico, paisajes suburbiales y retratos feroces, que pronto apuntan por una representación original, seca y disciplinadamente expresivista, acaso exhibicionista en cuerpo y actitudes. Pero vayamos a la biografía, que se debate felizmente entre la erudición severa y el chisme que califica a la escuela británica.

Alumno díscolo en los internados de Kent, Freud se educó en el excepcional cercado familiar tutelado por la princesa María Bonaparte, ángel tutelar de la saga escindida por el estigma judaico y la clínica liberadora del psicoanálisis. La personalidad atrayente de Lucian destacó pronto y la obsesión por la independencia le llevó, en plena guerra, a enrolarse en la Marina, lo que dejó sensibles huellas en su conducta futura. Isaiah Berlin dio la bienvenida al doctor Freud en Mansfield Park. El anciano quiso presentar a su nieto, enfrascado en una performance escolar de Romeo y Julieta: «Tú serás Romeo, cierto», apostilló el filósofo. Lucian lo recordaría siempre.

Sin embargo, la escuela de vida que fascinó a Lucian fue el disolvente Soho de posguerra, el fulgor de Cyril Connolly, Cecil Beaton, Alfred Ayer, Maurice Bowra y Clarissa Churchill, una mezcla inestable de pertenencia, petulancia y energía que marcó a diversas generaciones de jóvenes belicosos acompañados por el desfile punzante de vestales que coloreaban los excesos de la transgresión británica. Aquí aparecía deslumbrante y enigmática Caroline Dufferin, hija de una estela de propietarios de Guinness con entrada en palacio que perturbó a Lucian. Un matrimonio infeliz con escapada clandestina a las tierras altas familiares y a París y Madrid (sic). Una relación tempestuosa que hizo época y el arte de Lucian supo atrapar sobre la tela en aceradas escenas de pasión o desencuentro. «Atrevido y realmente lanzado. Un gentilhombre moderno», para aquella observadora entre regios visillos.

Los años de la Marlborough apuntan un periodo de serena afirmación en la escena artística internacional. Un instante de gloria que convierte a Lucian en el contrapunto de Bacon y en el reverso de la relamida verdad de Balthus. Admira a la crítica —John Russell y David Sylvester— por su exigencia, que aviva un trasfondo cromático más moderno que actual; son tiempos del pop y el despliegue de Warhol, que en Lucian señala a Delacroix. Los años de Kensington condensan esta tendencia con series notables como *La madre*, acaso un manifiesto de la contenida reordenación formal que conduce a los imponentes desnudos de los setenta, con amigos y cómplices desinhibidos que pueblan libérrimos los interiores domésticos —*Pintor y modelo*— y las figuras en grupo ostentosamente transgresoras, como Parker Bowles o el barón Thyssen, que señalan el retorno de Freud al *establishment* británico y culminan con el polémico retrato de la reina. Es, tal vez, el retorno del hijo pródigo y su vuelta al reducto confortable de pertenencia, cuando el joven airado es ahora el anciano respondón al que todos admiran. Al terminar el retrato de Thyssen, lo aborda en un aparte para rogarle un adelanto, acosado por las deudas de juego. El noble estuvo a la altura: «Por supuesto, comprendo su situación por familiar y cercana».

Repasemos la pintura de este momento decisivo de Freud: *La estación de Paddington* y su entorno, *Paisaje con pájaros*, *Mujer con dalia* y los retratos magistrales como *Bacon*, *Mujer con perro* y *Habitación de hotel*, homenaje soberbio a la depresiva Caroline. Un tentativo realismo inclemente sin la resolución de Bacon o Auerbach para atacar el pigmento, pero de pincel afilado para el gesto. Recuerdo un apunte a lápiz —*Bacon* (1951)—, de factura lineal y actitud desafiante. *Annabel dormida en azul y gris*, *Pintor en acción* o retratos de amigos como Hockney son el feliz punto final del artista.

He contado alguna vez que he vivido a espaldas del pintor en Kensington. Le veía pasear entre viejos amigos o en el Clark de High Street. Cuando cumplió ochenta años di con él en un cruce y lo abordé discretamente. Respuesta: «Ya ve, por aquí soy aún el nieto del viejo Sigmund». Dos titanes, me atreví a susurrar, azorado.

Artemisia Gentileschi
Perfil en grana

Es curioso, o muy siglo XXI, que la muestra «Artemisia, poder, gloria y pasiones de una mujer pintora», en el Musée Maillol de París, se presente todavía bajo el enunciado reivindicativo del arte de género y pretenda hacer justicia en la actualidad a una mujer singular cuya fama y fortuna forjó valerosamente por sí misma siglos atrás. Ajena a su tiempo, Artemisia se arriesgó a defender con vehemencia y coraje su condición de persona libre contra todo tipo de constricciones —sociales, emotivas y, por encima de todo, artísticas—, sin perder por ello el decoro de artista respetada ni traicionar la piedad filial, en su caso heroica. Se exhiben, en esta ocasión, medio centenar de obras decisivas junto a otras tantas de sus coetáneos, algunas de ellas inéditas, que vienen a demostrar su excelencia plástica en la configuración de la cultura de la imagen en el barroco romano. Artemisia era hija del pintor pisano Orazio Gentileschi, discípulo excepcional de Caravaggio, con quien mantuvo una intensa amistad, aun a pesar de la tendencia lírica de su pintura y la elegante entonación de sus composiciones, tan lejanas del bronco realismo del maestro milanés. Más tarde, Orazio se trasladó a Londres, a la corte de Carlos I, donde Artemisia le visitaba. Una pintora, pues, que había crecido en la áspera promiscuidad de los obradores romanos, pero que demostró pronto un perfil fuerte e independiente tanto en Florencia como después en Nápoles, dueña de una figuración original que rehízo a voluntad la mitología barroquizante del realismo naturalista. Violentada en su juventud, al parecer, por Agostino Tassi, pintor del taller paterno, entabló un costoso proceso inquisitorial que había de marcar época y convertirla en heroína popular a su pesar. La sombra del feo asunto no empañó mortalmente su vida gracias a su carácter indomable, cuando además Tassi era un genial geómetra del ilusionismo figurativo del barroco romano, en cuyo taller se educó Claude Lorrain.

Se ha escrito en exceso sobre la vida novelesca de Artemisia, pionera de la emancipación femenina y profesional, quizás a destiempo, y acaso poco de la radical ruptura formal que visualiza su obra. La exposición de París no puede eludir la novela de la artista, pero lo procura y enfatiza los pormenores plásticos que justifican la vigencia de su trabajo creativo, del *Autorretrato como tañedora de laúd* a su transformación en modelo de elocuentes alegorías artísticas como *La retórica*, *Bethsabé* o *Susana y los viejos*. Una maestra de pleno derecho que consiguió conquistar la inexpugnable academia florentina. La crítica artística ha respondido sorprendida a su obra: para la biógrafa Lapierre, fue una caravaggista convicta en Roma, una española en Nápoles y una italiana en la corte británica. Sin duda, pero con una arrolladora potencia que desconcierta a sus mecenas —Urbano VIII fue el más señalado— y consigue imponer sus maneras artísticas. Fue el duque de Alcalá, embajador de Felipe IV en la

Santa Sede, quien mostró en Madrid su obra, que había subyugado a los poderosos de su tiempo: Richelieu, Olivares o Buckingham coleccionaron su pintura excepcional, que supo remedar a Caravaggio en el descenso del arte a la calle, a la realidad popular que revistió audazmente de ropajes simbólicos, como Ribera. Se afirma, sin argumentación suficiente, que la gestualidad violenta y apasionada de Artemisia es una feroz respuesta frente al ultraje temprano, que impregna la truculencia de sus motivos y condiciona la desmesura figurativa. No lo veo así. La puntillosidad en el tratamiento de los personajes y el registro seguro de su paleta reflejan una «tendencia romántica» que convierte su naturalismo en el contrapunto de la sequedad claroscurista de la pintura napolitana de su época. Un arte siempre equilibrado en estructura y colorido, como se observa en la muestra parisina.

El naturalismo moderno arranca de la manera más cruda con Caravaggio y los suyos —léase Artemisia—, asegura Roberto Longhi, que traza el itinerario que conduce a Courbet en la obsesión por dominar un certero realismo expresivo. La brusca verdad del tiempo que explica la violencia formal y las «vidas extrañas y convulsas» de los artistas de entonces. *Judith y Holofernes* de Caravaggio es una pintura temible y destructiva: el pintor traslada la escena bíblica a su mundo y la sitúa en un burdel romano. La sirvienta tira de la melena para descubrir el cuello y facilitar el tajo fatal de la cimitarra. Un tema horrible que alteró Artemisia, quien le dio un giro genial, acaso como venganza a su deshonra. La versión napolitana de *Judith decapitando a Holofernes* (1612) supera los límites del dramatismo: el tirano despavorido se revuelve con fuerza contra las mujeres, en tanto la espada de Judith cercena su cabeza lentamente y le arranca la vida. Un gesto pavoroso que recuerda la cabeza exangüe de Goliath decapitado, según veía Panofsky, colgando de la mano triunfante de David en el cuadro de Caravaggio.

En *Judith y su sirvienta*, Artemisia vuelve al tema con mayor crueldad, si cabe, pues espada al hombro flanquea a la criada que oculta en un cesto la cabeza sangrante del asirio. Siempre la dramatización extrema incluso en el autorretrato alegórico *La pintura*, cuya forzada construcción en elipse multiplica la tensión de la pose y la dura mirada de la modelo. «Verá —confiesa Artemisia a un mecenas siciliano— lo que es capaz de hacer una mujer». Sentencia memorable que la crítica contemporánea ve como grito de batalla y enunciado diáfano de una sensibilidad activa y moderna. Las figuras de Artemisia, sus complejas metáforas, huyen de su tiempo y representan ante nuestra mirada perpleja el drama eterno de la vida. Una mujer libre y una pintora de excepción que asumió creativamente su destino y supo simbolizarlo en imágenes de arte que brillan como momentos esperanzados de verdad artística.

Alberto Giacometti
¿Anciano escultor surrealista?

Así se definía Alberto Giacometti en una respuesta improvisada, confidencia que demuestra la firmeza de su compromiso con las estéticas subversivas armadas por André Breton, que saturaron de audacia e intriga los mundos de arte de entreguerras. *Objets mobiles et muets* y *Femme égorgée* son obras clave. Empiezo estos días a recuperar, con pie quebrado, una normalidad que cierra supuestamente unos meses de clausura. Vuelvo a ordenar papeles inacabados en un intento de rehacer nada proustianamente el tiempo perdido. Escapo a París en un vuelo sin sobresaltos y me pierdo en una ciudad apagada. Recupero la muestra, *L'Homme qui marche*, en el Institut Giacometti, comisariada por Catherine Grenier, directora de la Foundation y autora de la biografía definitiva del artista, *Albert Giacometti* (Flammarion, París, 2019). Una obra lograda que persigue el rastro del artista vivo, pero sin circunloquios: cuando vestido con el mono de trabajo cubierto de yeso abría los secretos de su taller parisino en rue Hippolyte Maindron, en Montparnasse.

En una fotografía de inicios de los sesenta vemos al artista al pie de la escalera que desciende al patio, abrazado divertido a *Grande femme IV*, quizás sorprendido en un gesto furtivo de cercanía. El montaje de París complementa la exposición retrospectiva que vimos en la Tate Modern londinense recientemente, pero centrada en la serie completa de los yesos filiformes que señalan el periodo de atenta figuración y moderan el surrealismo de Giacometti. Hombres y mujeres en marcha que configuran un trabajo exigente sobre el modelo humano para comprender qué llamamos hoy «antropología plástica».

Alberto Giacometti había nacido en Borgonovo, en la Suiza italiana, en el cantón de los Grisones de valles y quebradas en 1901, en una saga de artistas acreditados. Recibió depurada formación artística —pintor, escultor y dibujante— en el taller familiar y cursó Artes y Oficios en Ginebra, para saltar en 1922 a París, donde quedó impresionado por la versatilidad expresiva de Bourdelle, de quien siguió las lecciones en la Académie de la Grande Chaumière. Pero con una diferencia notable: la fascinación por el arte primero, no europeo, el primitivismo africano y cicládico enriquecido por las agudezas geométricas del cubismo analítico. *Femme cuillère* es obra pionera de 1923. En 1928 se alinea con los surrealistas, aunque en 1934 queda excluido del grupo y se multiplican las raíces de su horizonte formal con esculturas —objeto de carácter onírico, *Bronze suspendu* (1930)—. La delimitación espacial es una variable esencial y, a partir de aquí, se afianza la figuración de impronta étnica y cultural con los primeros desnudos, lineales y sucintos, que representan grupos humanos y apuntes solitarios de creciente tensión expresiva. Un «naturalismo esquemático» define el periodo posbélico y apuesta por los riesgos de la dimensionalidad concreta y la estructura gráfica del objeto. Son figuras escuetas y alargadas que alcanzan la ple-

nitud en los tardíos cincuenta y califican el arte de Giacometti en la década siguiente: figuras en pie, imágenes
poderosas adelantadas por *L'Homme qui marche* en los
orígenes de la estética radical del artista.

Formas exentas en diálogo espacial que comparten
con los paisajes alpinos, la serie de retratos maternos y los
bustos serenos del hermano y colaborador Diego. Es la
época, vaya por dónde, de la aproximación al existencia-
lismo y la influencia crucial de Sartre, que clarifica sutil-
mente el arte de Giacometti: la traducción formal de las
«distancias» que marcan la pugna artística contemporánea, en la que envergadura y dimensión constructiva lo-
gran el protagonismo indiscutido. *Têtes* o *La Main*, frente a *Tête-crane* de los treinta.

La muestra de París dispone las figuras y figurines de
Giacometti en una deriva potencial: los bocetos y apuntes antropológicos, presentados sobre soportes rectangu-
lares, desafían nuestra percepción sensible. *Femme qui
marche* posee la indivisibilidad de una idea y la intensidad
de un sentimiento confuso, propone Sartre. La expresión
visible de una presencia que Giacometti fía limpiamente
a la prolongación lineal. La singular figura andrógina y
primitiva en bronce de 1933, que fue la matriz de la idea,
lo asegura: escueta, sin cabeza ni brazos que rompan el
peraltado perfil rectilíneo. En complemento ajustado con
los dibujos a bolígrafo breves y emborronados de 1966,
que recorren la estructura del cuerpo humano y matizan
la impresión palpable de movimiento. Al igual que el
frente activo de figuras en formación cerrada, otra sorpresa de la Biennale veneciana de 1962, como lo fuera en
1956, que nos devuelven a los grupos figurativos en bronce de 1948. El retorno quizás a los motivos recurrentes y

la estrategia del volumen en Giacometti: cabeza, figura femenina y, en contrapunto, otra figura ahora masculina. Un desfile danzante de felices efectos plásticos. Obras que demandan, cierto, la interpretación abierta y audaz del espectador, a quien el artista cede la última palabra.

Enumero de memoria las grandes muestras de Giacometti en los últimos tiempos. La pionera *Mujeres de Venecia* de la Biennale de 1956, la valiente apuesta de David Sylvester en la Tate británica en 1965. La renovada recapitulación en la Tate Modern antes citada, inmensa y sin distinción de géneros, y esta actual de Mademoiselle Grenier que retoma la energía imaginativa de los proyectos tempranos en una cadencia temática: solo figuras en movimiento. Giacometti, concluye la comisaria, consigue obtener de la materia la unidad genuinamente humana: la unidad de acción. Con egipcia distancia y economía gestual, las figuras apuntan al unísono un elegante paso que insinúa el proceso abierto de la escultura contemporánea.

Yanaihara, el rendido estudiante japonés convertido en modelo cautivo para Giacometti —soportó más de doscientas sesiones—, confesaba emocionado: «Posar para Giacometti era una sucesión de escalofríos, de sensación de vértigo, sorpresa y admiración». «¿Trabajamos?», abría el nuevo día para el artista. Pues sí, trabajemos.

Alberto Giacometti
El escriba cómplice

El Institut Giacometti de París presenta, hasta mediado octubre, un complejo despliegue de la estatuaria irrepetible del artista suizo aunada por su fascinación por la cultura egipcia: «Giacometti et L'Égypte Antique». Muestra audaz, además, puesto que Giacometti jamás visitó el país del Nilo y ahondó su trabajo en despejar, digamos, las huellas figurativas a partir de las colecciones egipcias del Louvre y el Vaticano, con obras notables, es cierto. Una ocasión acertada que protagonizan en contrapunto *El escriba real Netmaroutef* y *Hombre en actitud de escriba,* dos personajes paradigmáticos en la reconstrucción histórica del siglo XX. Obras que destacan a la mirada contemporánea la originalidad de las figuras en movimiento del escultor y, sobre todo, nos dan una idea ajustada de qué entendía por parecido o semejanza a través de la secuencia de indicios formales que va más allá del cautivo perfil arqueológico. El testimonio de sensibilidades parejas, quizás, del que han dejado memoria fiel las confidencias de Yanahiara, modelo flexible e intérprete sutil del arte de Giacometti.

Algo de historia. Vivant Denon, sabio arqueólogo y testigo locuaz en el cuarto de oficiales de Napoleón en Egipto, era barón imperial y dramatiza en sus diarios el destino incierto de la batalla de las Pirámides, cuando escucha al emperador advertir a una amedrentada tropa: «Pensad que desde lo alto de estos monumentos cuarenta siglos os contemplan». La relación vívida de las andanzas del aventurero, depredador implacable, fueron el estímulo inicial en el despertar de la admiración de Giacometti por el enigma egipcio. Las magnéticas entonaciones del desierto y los nebulosos amaneceres al pie de las pirámides impresionaron al joven lector Alberto, a la zaga de un «arte puro» en el que forma, color y sensación alcanzan la difícil veracidad que exige el equilibrio entre «sueño y ensoñación». Los memorables prototipos egipcios que custodia París, y activa la sugerente prosa de Denon, afilan la percepción de Giacometti para el volumen. Las esquemáticas figuras en marcha emulan la serena belleza idealizada de la cultura egipcia. *El escriba*, sentado de frente, una figura totémica del heterodoxo reinado de Akenatón, adquiere dimensión actual en la visión de Giacometti del busto *Lotar III* (1965), ajeno al arte funerario de origen y convertido en el desafío sensible que perfila las atrevidas geometrías del artista.

Los retratos a la manera egipcia de Giacometti recuperan las imágenes sencillas de Fayún, ya en la época romana, en un juego de destellos entrecruzados que responden a la improvisación certera del escultor. Las elegantes policromías en madera nos conducen al universo figurativo del Egipto antiguo, cuya estela retoma el busto *Diego Giacometti*, bautizado por el artista como Amenofis, y del que abundan esbozos en papel. Revolucionarias convenciones plásticas que entrevemos en la *Cabeza real* de la dinastía XVIII encontrada en Karnak y redescubierta en el siglo XX en Tell-el-Amarna, un insólito apunte irónico.

Los yesos serán para Giacometti el fundamento de las figuraciones de taller que se imponen a lo largo de la década de los años treinta —*Hombre y mujer que andan*— o el intrigante *Objeto invisible*, ya distanciado el artista de la tutela surrealista de Breton y entregado a la experimentación historicista. «Admiro los objetos que probablemente han estado miles de años bajo tierra, enterrados pero no muertos», insiste. La potencia de esta resurrección fulminante sorprenderá a todos en 1957 en la Galería Maeght, en una exposición que marcó época al presentar los motivos egipcios en París. El artista emerge como el diestro «pesador de sombras» que pondera el espesor de las almas muertas al disolverse en la vida de ultratumba, según la teosofía egipcia.

Cabeza de Isabel, escayola de 1936, llamada *La egipcia*, es acaso la réplica ajustada del escriba en el imaginario del artista. Un perfil agudo en modelado nada forzado que termina en el cuello y se cubre con una *coiffe* campesina. «Cuando miro a alguien —concluye el escultor—, lo primero que veo es la cabeza. Ver manos y cabeza a la vez es imposible».

Recuerdo una estela calcárea egipcia del British Museum. En su nivel superior representa en bajorrelieve una diosa frontal que evoca a Astor. Se sostiene sobre un león impávido: la leyenda de la «diosa del cielo» que al parecer aviva el principio hembra de la naturaleza y se exhibe flanqueada por dos guerreros armados, el uno fálicamente enhiesto y el otro lanza en ristre, ambos de transparente simbología. El eterno presente egipcio mira al pasado para intuir sabiamente el futuro. El laberinto mágico que custodia el oráculo terrible de Samara velado por el espectro del tiempo: la muerte.

Natalia Goncharova
Vida de artista

¿Posee el artista una biografía privada más allá de su oficio?, se pregunta intrigada Marina Tsvetáieva al relatar —era 1929— la peripecia existencial de Natalia Goncharova. Quizás la vida cuya alma es su obra. El resultado es una semblanza sobresaliente de la pintora rusa, «a medio camino entre la encuesta judicial y el horóscopo», según ironía venial de la autora. Abramos el libro.

Conseguí la biografía de Marina Tsvetáieva *Natalia Goncharova. Su vida y su obra* en la rara versión ilustrada con grabados populares de Liberté de Russie, Praga, 1929. La adquirí en una catacumbal *cave* para bibliófilos a espaldas de la place des Vosges en París. Más tarde compré la nueva traducción francesa de los sesenta de Véronique Lossky, y después la elegante edición encuadernada en tela de Clémence Hiver. Un homenaje doble a la poeta-biógrafa, corresponsal de Rilke y Pasternak, y a la pintora, cómplice del escenógrafo Lariónov y figura sin igual en el arte ruso pre y posrevolucionario. La narración es un extraño testimonio en clave sobre una pintora extraterritorial, trazado desde la admiración callada, y un laberinto de espejos fuera del tiempo: otra Natalia Goncharova fue la compañera fatal de Pushkin, con leja-

nos lazos de parentesco con la artista, que el crítico Marc
Slonin descubrió a la biógrafa como pasaje de acercamiento a la amistad. La pintora había salido «libremente» de Moscú en 1915 para colaborar en París con Diáguilev y los Ballets Rusos. Marina, *arrachée vive* de Rusia,
había llegado a París en 1925 e intimado con Natalia en
1928, fascinada enseguida por el atractivo secreto de su
taller y predispuesta a perseguir el rastro de confidencias
sobre el que urdir un proyecto común de escritura. La
trama insólita que hubiera divertido a Nabokov.

El relato traza un perfil de la pintora que parte de la
inconfesada y casi clandestina intimidad parisina, deriva
hacia la quebrada Rusia zarista de Pushkin y sitúa a la
pintora frente a su obra, pero sin dedicar demasiada
atención a su complejidad plástica ni a las raíces populares de las imágenes, aparentemente sencillas. La poeta
ignora la identidad sensible, visual de la pintora y emprende una azarosa ruta sentimental. Se respeta, sí, cierto
orden cronológico con intrépidos saltos atrás, alterado a
voluntad de la escritora cuando el motivo desborda la
frialdad del dato. Una cronología de signos, confiesa, en
la que confluyen elementos diversos, como la inexplica-
ble sombra tutelar de Racine, que fue vecino de la vivien-
da parisina de Goncharova, o la presencia siempre en
contrapunto de la borrosa antepasada Natalia Goncharova, otra gran mujer, no solo musa y confidente del
poeta ruso, sino más bien símil velado del eterno femeni-
no en una generación nietzscheana y desilusionada. Entre las dos protagonistas se entreteje un juego sutil de referencias cruzadas que apuntan la disolución sangrienta
de la Rusia imperial, pero que insinúan la clarividente
evolución de una sensibilidad poliédrica, visual, afectiva

y material que la biógrafa intenta descubrir e incluso compartir en ocasiones. Marina configura e interpreta a su manera, afirma, un sueño popular, un poema visual inesperado, pero asimismo el sueño diurno de la artista que construye a retazos su identidad, bastante más cautivadora, vaya, que la que escapa de la obra plástica.

Crónica sentimental de tres mujeres en un tiempo aciago. Goncharova a la contra de la pintura de su tiempo, la poeta obstinada en dar cuenta de la verdad de su «modelo» y, en lontananza, la «portadora del nombre» que dio vida a la literatura de Pushkin. Mujeres, recapitula la biógrafa, que han compartido la pasión por su trabajo y la fidelidad al deber de alzar la voz en una época muda. Para Marina, el medio millar de obras que la pintora presentó en Moscú en 1913, y el desconcierto consiguiente entre el público, documentan la desmesura genial de un proyecto y la magia y el vigor ajenos a la tradición servil o destructiva del feminismo ruso. Es cierto que la Goncharova pintora que descubre Marina asimila los ismos de un periodo artístico fluvial, en los orígenes de la modernidad europea. Del primitivismo ancestral a la oscura trascendencia de los esquemas cromáticos de Malévich, el cubismo, el futurismo y el «rayonismo», que la pintora difunde con Lariónov: escenas plásticas hechas de rayos de luz que emergen de superficies invisibles y se disuelven en motivos en transformación constante. La llamada deslumbradora de la luz del arte que nos habla de la fuerza absoluta de la naturaleza. La recuperación activa de las raíces populares del arte ruso que despierta al campesino embotado por la ignorancia y la religión cegadora: las danzas y las fiestas lugareñas reproducidas en clave liberadora, en figuras e imágenes de vida.

En el crispado París bélico se impone un momento de osadía que impulsa las escenografías de los ballets de Diáguilev y Massine. Los viajes a España, el oasis de Sitges y la actividad desbordante peninsular. Goncharova prepara dos ballets: *España*, con música de Maurice Ravel, y *Triana*, con partitura de Isaac Albéniz. Además de la escenografía y los decorados de *El pájaro de fuego* de Stravinski, ya en 1926. Un punto sin retorno en la pintura de Natalia Goncharova: motivos rusos en destellos fulgurantes para la mirada moderna. El arte de Picasso y Cocteau. Al hacer memoria del desembarco europeo de la *troupe* de Diáguilev en 1914, un desconcertado Apollinaire escribe: «La más celebrada de todos los pintores rusos es una mujer. Se llama Natalia Goncharova. Su taller es pequeño y pinta a saltos, de memoria: solo ve la obra en conjunto el día de la exposición. Es el modelo luminoso de la juventud moscovita, imitada en todo, su pintura, pero también su personalidad instintiva y sorprendente». Una artista enigmática cuyos perfiles ocultos supo intuir o inventar Marina Tsvetáieva en este libro, rendido tributo de admiración a Natalia Goncharova. A su obra y a lo que esconde de su vida en ella.

David Hockney
Humor y pasión

Queda fuera de duda que David Hockney es hoy el artista británico vivo con mejor presencia internacional. Es cierto que Lucian Freud y Francis Bacon ostentaron un protagonismo figurativo indiscutible, pero también lo es que Freud fue siempre un extraterritorial anclado en la expresividad realista de firmes raíces artísticas centroeuropeas —un audaz retratista de toque clásico y burlona intuición psicológica—, en tanto Bacon era un complejo visionario cuya figuración agresiva y su disección de la dimensión inasible del cuerpo humano lo convierten en una incógnita en el panorama artístico del siglo XX. ¿Personajes atormentados sometidos al torbellino de la desfiguración formal? Acaso. Por el contrario, la trayectoria de Hockney parece lo que se alcanza transparente: formado en el londinense Royal College of Art, se vio pronto deslumbrado por el brillante cromatismo y la zumbona figuración del pop, en la que llamaríamos segunda ola a cobijo ya de las tempranas fricciones ideológicas. Un arte de recuperación de la cotidianidad urbana, pero siempre en clave irónica, temperada por un persistente acorde sentimental. Sin duda, Hockney quedó descentrado, como toda su fila, por la hiriente volubilidad de las figuras de Bacon y su pugna feroz contra la brutalidad de los hechos, pero, para su fortuna, la saludable vena sardónica que apuntó en sus comienzos pictóricos abrió su obra a una deriva original y personalizada que lo condujo al retrato en grupo, la biografía gráfica y el paisaje ideado. Sus interiores domésticos rehacen imágenes del cómic y la cultura popular, en efecto, que traducen a una proyección plástica directa e inmediata. Después vendrá la experimentación neoyorquina y el descubrimiento del grafiti, con el salto a California, donde sus «coloramas» adquieren un volumen icónico. Más tarde recupera la fotografía como soporte estable para su exuberante asalto al color. Paisajes y figuras norteamericanas de potente presencia formal: luz y color sobre perfiles que acentúan su volubilidad visual. Recientemente se ha publicado en Londres una conversación decisiva que rinde cuenta cabal de la evolución artística de Hockney, pero que lejos de aferrarse a la primera persona comparte con el crítico Martin Gayford las impresiones e inseguridades sobre su obra. *A Bigger Message* (Londres, 2011) es, así, una introducción asequible para entender el despliegue plástico que celebra en la Royal Academy el setenta y cinco aniversario del artista. Sin duda.

La muestra «A Bigger Picture», que se acaba de inaugurar en Londres, solo alcancé a verla en pleno montaje, y recupera las raíces británicas de David Hockney, reivindicando el paisaje en calidad de género artístico del siglo XXI; una atrevida visión de Yorkshire como quintaesencia de una manera ocurrente de ajustar la naturaleza abierta a la dimensión ceñida del caballete. La exposición presenta cincuenta años del paisajismo local de Hockney e insiste en un compromiso antiguo del artista: transmitir el testimonio gráfico de un paisaje familiar en proceso de disolución radical. Las primeras obras nos devuelven la experiencia del *plein air* y la confianza en la veracidad emotiva del entorno; también es cierto que los grandes espacios de las vivencias californianas —*Un Gran Cañón más cercano*— alertan de un proceso de depuración de motivos plásticos y formales. La pintura de Hockney descubrió las posibilidades del fotomontaje en 1960 y la magnitud cósmica del paisaje norteamericano en 1990, pero es en el ambiente doméstico de Bridlington en el que encuentra el lugar ideal para la experimentación, donde pone en práctica el formidable dispositivo tecnológico a su alcance: dieciocho cámaras que multiplican al infinito los enfoques y diversifican el instante de la experiencia sensible. Múltiples paneles aseguran los matices de una mirada siempre diversa, que escapan a la exigencia sintética del punto de vista magistral, impositivo. Al cabo, David Hockney vuelve a la arrogancia figurativa de los Young Contemporaries del pop art británico y doblega a su malévola percepción las disfunciones visuales aprendidas en California. Las pinturas que se presentan en Londres son contundentes: *El bosque de Woldgate*, un complejo montaje de seis óleos en derivación gráfica, o el imponente *Tala de invierno*, que reúne quince paneles ajustados en una variable fluvial de colores, que la luz unifica en un paisaje tridimensional. El retorno al paraíso rural de los orígenes, en el que los árboles, en secuencias abiertas, adquieren el protagonismo decisivo: ninguno de ellos es igual a otro, en tanto su estructura converge en un nítido organigrama de semejanzas. Lo que afirma, insiste el artista, la infinidad de la naturaleza y la inmensa variedad de aproximaciones posibles, como visualiza modélicamente *Árboles altos cerca de Warter*, quizás el mayor paisaje en la pintura moderna, con cincuenta paneles que cubren un muro entero del museo, con la secuela *El artista y sus amigos* escrutándolo, un hábil zigzag de figuras de espaldas en perspectiva, centrado por el perfil neoclásico de la sala.

Conviene recordar, no obstante, que Hockney ha sido un perseverante estudioso de los efectos de la memoria visual en la figuración plástica, un disciplinado investigador de la visión no objetiva, como proponía el filósofo francés Bergson: la aportación de diferentes percepciones en la construcción de la memoria visual, siempre proustianamente evolutiva. La memoria resulta, pues, un conglomerado de vivencias sensibles diversas que actúan sobre el imaginario visual del ser humano. *Los nenúfares* de Monet, por ejemplo, son «visión y sensación» a la par, llegado el momento de dar cuenta plástica de la experiencia estética. Quizás esta sea una aportación de peso que complica la aparente sencillez de las estructuras figurativas de Hockney, al igual que la función decisiva de la luz aprendida sobre el espacio dramático, como demuestran las escenografías y los montajes operísticos y teatrales de Hockney, con su radiante y acerada iluminación. Una intervención siempre activa que apela a la participación del espectador, y el modelo creativo de diferentes suertes de perspectiva tonal en un proyecto diríamos arquitectónico, construido al detalle. De las escenografías del ballet *Parade* al bosque iluminado de *Tristán e Isolda* o los incandescentes paisajes envolventes, ágiles pinturas abstractas con figuras, para *La mujer sin sombra* de Richard Strauss. «La ópera es un espectáculo visual», reclama Hockney, a la vez que la pintura es performance, acción plástica sobre el cuadro. ¿Qué pensar del fastuoso *Amanecer en Sainte-Maxime*? Una seria llamada del divertido artista británico, convertido ahora en un astuto descubridor de imágenes pop que devuelven la pintura al juego de apariencias visuales que fue siempre. Pasión y humor, opina Martin Gayford. Buen consejo.

David Hockney
¿Impresiones sensibles?

El arte moderno se define a partir de un nudo teórico
que aglutina niveles bien diferenciados. El artista que an-
sía ajustarse a la celeridad del tiempo, el cambio social
que ha experimentado su oficio a lo largo del XIX, un siglo normativo donde se solapan los modelos antiguos:
del protegido institucional al alumno aventajado, el bohemio irredento o el maldito genial, sin descuidar al
creador anónimo, el obrero de taller artesano con sensibilidad e imaginación, artífice callado del *arts and crafts*
industrial. La segunda generación realista, mediado el siglo, recurrió como estrategia práctica a la vehemencia in-
conformista de los románticos. Millet es un modelo tardío. Pero la aventura impresionista, esa epidemia plástica
galopante y disolvente, acaba por alcanzar un estilo internacional, en criterio de John Rewald, y solo retrocede
ante la abstracción que impone el propio desarrollo lógi-
co de su programa constructivo. Monet frisa la frontera
entre figuración y abstracción, pero sencillamente la
abandona. Sus naturalezas son ejercicios imponentes de
audacia cromática, cierto. Aunque la lógica de manifes-
tación de todo nuevo lenguaje plástico se postula ya con
nitidez en las tentativas radicales que exploran lejanos

problemas constructivos. La experiencia londinense de Monet es ejemplar para entender la raíz de las aceradas modulaciones tonales por llegar.

Cuando el nuevo sistema de ordenación artística avanza se descubre el grado de objetivación, de verosimilitud, diría, que lo hace intercambiable y que llamamos estilo, pero también su agudeza perceptiva para mostrar las urgencias comunicativas que demandan los tiempos. No es casual que el cubismo se adivinara antes de 1914, periodo de difusión europea del arte de Cézanne, ni tampoco que el expresionismo contagioso se generalizase en los «crispados veinte», en tanto que otros ismos rastreaban creativamente las probabilidades gráficas cercanas al test psicológico o se adentraban en la confusa grafía que propondría el surrealismo atendiendo a las añejas ensoñaciones del realismo.

¿Qué soluciones impresionistas quedaron integradas en la visión moderna del arte? Si prescindimos del fluido anecdotismo de los artistas, lo cierto es que frente a la tematización convencional del arte ejercida por el realismo tópico o interiorista *fin de siècle*, los impresionistas opusieron una ilusoria expresividad centrada en la nueva voluntad del arte que llevaría al extremo la dialéctica luz y color, latente ya en la tradición neoclásica. No es necesario ahondar en el arte que cierra el ciclo clásico —la tradición verista europea, los realismos figurativos posrenacentistas, Velázquez, Goya y la plural manera hispana— para constatar la existencia de una discreta huella impresionista a lo largo de la pintura occidental, el uso del pigmento difuminado e incluso el recurso a la espátula. Sin embargo, y es punto clave, los pintores finiseculares recurren a la impresión visual como pretexto para la indagación del troquelado de luz y color en el imaginario disolvente que difunden los impresionistas, problema, vaya, que enlaza con la temática del siglo en ciernes: la aspiración progresista al análisis científico de la realidad, nada menos.

La «realidad social» se entendía ahora como una secuencia descriptiva apelando a que la realidad material solo contaba en la construcción formal del arte nuevo, una mera experiencia intelectual. La proximidad con el mundo científico resultó así adecuada. Berthelot reformó la química orgánica, Claude Bernard sostuvo la interpretación organicista de la vida frente a la sistemática linneana. Nada sorprende, pues, la importancia práctica de los análisis cromáticos de Chevreul, que intrigan a los teóricos impresionistas por un doble motivo: revolucionan la figuración a través de la interferencia textil, que vivificará la artesanía suntuaria en un mundo ya de consumo. El artista, pero también el artesano, como parte de las querencias científicas de la época. Se trata de pintar lo «visual», de traducir las sensaciones en imágenes genuinas de una naturaleza que sabemos construida. Y aquí reside la magnitud revolucionaria del impresionismo. Cuando la perspectiva geométrica, lineal, resulta impotente para alcanzar siquiera ilusoriamente la complejidad y el caos de los elementos sensibles.

¿Por qué no profundizar en las posibilidades formales de la luz sobre el color? La trama del objeto plástico como dato para la indagación visual es la verdad del impresionismo. Es la experiencia cromática la que justifica la dispersión figurativa impresionista. Pintar la luz es el desafío para una plástica audaz. Los objetos físicos no son ahora el efecto lumínico de los objetos coloreados, como querían los visionarios de Barbizon, sino el resultado de la gradación figurativa de la pluralidad de los objetivos nuevos. En 1877 el diagnóstico del historiador Rivière sugería tratar el tema plástico a partir de sus tonalidades cromáticas; esos destellos —*petits fragments*— aspiraban a ser visiones totalizadoras más veraces que las realistas. La fluidez del tiempo se intensifica así subjetivamente —Proust y Joyce— en tanto el espacio plástico se percibe sobrepuesto simultáneamente, con frecuencias y titubeos que dan libre entrada a la personalidad creativa del artista. Ejemplo radical son las valientes tentativas de Picasso al romper el siglo XX: un arte deforme porque es solo forma. *El puente de Charing Cross* de Monet será algo más que un indicio que *Las ninfeas* disolverán bien pronto en secuencias fascinantes: luz, color, agua y *durée*. Los impresionistas fueron, en efecto, los inventores del arte nuevo.

David Hockney
La invención del cubismo

«Fue en Horta, una pequeña aldea no lejos de Zaragoza —escribe exageradamente Fernande Olivier—, donde la forma del cubismo se afirmó definitivamente». A la vuelta del viaje, prosigue la confidente, Picasso trajo consigo telas nuevas, dos de las cuales, las mejores, fueron adquiridas por los Stein, coleccionistas norteamericanos. Nacían entonces los paisajes geométricos que darían vida al cubismo: formas simplificadas, geométricas, ejecutadas con punzante equilibrio rítmico que les confiere una monumentalidad insólita. *Maison sur la colline* (1909) es el testimonio gráfico de la hazaña: desnuda las tracerías ocultas de Cézanne en estratos de claro contraste formal. Sencillamente. *L'usine, Horta de Ebro*, es el manifiesto de una nueva realidad plástica sometida al filtro de la fotografía y dominada por una imaginación libre. La revolución artística picassiana.

La experiencia de Horta marcó a fuego las tentativas sensibles del joven artista y consolidó la experiencia visual moderna. Una creativa abstracción del paisaje en planos transparentes y compactos que moldean los efectos plásticos complementarios y constituyen unas imágenes insólitas. A nadie escapan hoy las vivencias de Picasso en Horta de Sant Joan durante el decisivo verano de 1909, y el peso creciente de los cortes geográficos aceradamente intercalados en una orografía primitiva, siempre abrupta y desolada. Un curioso homenaje a Cézanne, cierto, pero en un paisaje de factura y tonalidades abiertamente secos. Incluso cuando insistimos en el valor destacable del paisaje en una primera y temprana definición del cubismo, conviene tener en cuenta las motivaciones líricas nada irrelevantes del momento que actuaron sobre el imaginario picassiano en aquellos meses mágicos: atención a los motivos sentimentales, pero también a la conciencia del descubrimiento nuevo adivinado en las confidencias juveniles del amigo Pallarès. Elementos que confluyen en el contundente despliegue formal cubista, desde luego.

Un paisaje denso y despojado de cualquier estímulo decorativo frente a la exuberancia posimpresionista que Picasso y un aislado Braque denostaban desde dimensiones geográficas distintas —la Tarragona interior y la Bretaña nórdica—, pero también en ambos casos más atentos al trazo lineal que a la entonación cromática, como perciben las iniciáticas construcciones cubistas. Una concepción estética a campo abierto y una experiencia plástica que va ganando credibilidad en diatriba con la dinámica impresionista menguante. ¿Cézanne geometrizado?, se preguntaba un crítico contemporáneo. Quizás solo se trate de unas formas instintivas, tentativas acaso, pero intelectualizadas por el positivismo científico de la época.

Un crítico sagaz del cubismo, Herbert Read, situaba en el arte inseguro de Juan Gris el punto de equilibrio imposible entre Picasso y Braque, una facción cubista,

como podríamos decir, que el crítico británico calificaba de «intuición blanda», obstinado en rescatar la abstracción del brumoso confín decorativista que el gusto
«felices veinte» acabaría por exigir del arte nuevo. Una
propuesta, la de Horta, que deberíamos tener muy en
cuenta. «El artista se siente incapaz de experimentar otra
cosa que no proceda de su intimidad», sugería Braque a
quien quería escuchar, en un periodo de tensión antipi-
cassiana y frente a quienes solo pretendían ver en el cubismo un arte distante y frío, de objetos muertos.

En tanto Juan Gris, siempre protagonista callado, re-
tomaba los valores de la imagen y aseguraba: «Un cuadro
sin intención representativa será un estudio técnico siempre inacabado». Una pugna, como podemos ver, entre
los partidarios cerrados del cubismo de la fría articulación geométrica del paisaje pictórico, impersonal y supuestamente cientificista, y aquellos que el citado crítico
inglés llamaba «artistas de tendencia dura», por seguir
con una gráfica interpretación detonante en su momento. Actitud plástica, si bien se mira, puesta en cuestión e
incluso sobrevalorada con imaginación por el cubismo
ruidoso de la segunda generación: Léger y las derivaciones de Metzinger y Gleizes.

Los artistas atemperan la «sensibilidad orgánica» del
plano plástico en contrapunto a la rigurosa materializa-
ción de la dimensión constructiva, geométrica. Y aquí
apunto la exigencia didáctica a que Gleizes sometió el
cubismo años después y que vendría a coincidir, como
apunté, con la segunda generación cubista que Picasso
apodaba con malicia «cubistas de salón». Tal vez. El
tiempo, como siempre, sería el juez inapelable. Puestos a
señalar obras surgidas al aire de la disciplina cubista,

marcada, quiérase o no, por el tándem irrepetible Picasso-Braque durante la primera y febril década del siglo XX, debemos añadir con toda justicia al diligente Juan Gris. El más joven de la banda picassiana, pero aun así el artista que con mayor seriedad adelantó las raíces formales del complicado movimiento artístico en alza, al pretender deducir una escala cabal de «posibilidades de la pintura» que califica certeramente su obra madura.

Aunque, bien mirado, si tenemos en cuenta la detonante difusión europea y su curioso salto al continente norteamericano, merced, hay que decirlo, a la saga Duchamp, cuando menos podía esperarse, la responsabilidad de los recién llegados adquiere una acepción distintiva ligada a su función de riguroso artífice del manifiesto artístico del cubismo, que dejó constancia normativa a las difusas sugerencias de los creadores del radical movimiento. Desde luego, los hechos resultaron bastante más complicados y la denostada «rapacidad de Picasso», el discordante ajuste provocador.

La obsesión, diríamos, por alcanzar en la noble dimensión del cuadro, todavía pintura de caballete, cierto ilusionismo espacial genuino que nos ayuda a entender las cambiantes metamorfosis del artista malagueño, que desajusta comparativa e incisivamente los géneros pictóricos tradicionales —retrato y paisaje, sobre todo—, pero que se enfrenta con indisimulada sorpresa a la hermética quimera del color y su prodigiosa versatilidad a través de unos pigmentos ya industriales y asequibles de sencilla manipulación.

Es verdad, así, que Juan Gris había señalado con lucidez el camino acertado para la indagación cubista: la búsqueda de diversificados signos sensibles y gráficos en ma-

yor medida que plásticos a la hora de representar
ilusoriamente los objetos sobre el plano. Podríamos ape-
lar así, es cierto, a elementos abstractos, sencillas formas
coloreadas en una versátil cadencia tonal. Una pintura
concreta de motivos de creciente valor plástico. Cosas,
objetos, ilusiones de objetos que danzan en la superficie
pictórica al ritmo punteado de las formas. Pensemos que
Tête de femme (Fernande) data del otoño de 1909 y retoma dibujos al carbón del verano en Horta.

Henry James
El pesimista perplejo

El tenaz pesimismo que califica la prosa cimbreante de Henry James adquiere con el tiempo una justificación diáfana: el escritor está convencido de la natural e irremediable imperfectibilidad del hombre. Un mito ilustrado de raíces ancestrales, sin duda, que colorea la obra del norteamericano: la narrativa de James refleja la «impresión de asombro ante el espectáculo de la vida» enfrentada a las «monstruosas masas insensibles» a la agitación del sentimiento, que no penetra más allá de lo que alcanza «una punta de alfiler en la piel de un elefante». Por fortuna, la indagación biográfica ha sido generosa con el escritor y existen hoy ejemplares testimonios que complementan la voluntariosa autobiografía tardía y matizan la atrevida apreciación radical. Acaso un taciturno amable, en tajante diagnóstico de la sagaz Edith Wharton, con quien mantuvo la serena intimidad prebélica en Hyères, en la Riviera francesa. Contamos con el relato del esteta Bernard Berenson, quien confesaba la elegante cautela de una admiración cómplice. La mejor garantía para la amistad.

Hace un par de años visité en la Morgan Library de Nueva York una exposición curiosa: los vínculos entre la

literatura clásica norteamericana y el arte de su tiempo
—«Henry James y la pintura norteamericana»—, organizada por Colm Tóibín. James había nacido en la Union
Square de Nueva York en 1843, en una familia patricia y
cosmopolita donde la cultura era una realidad primera.
Intentó pintar a instancias del maestro LaFarge, pero las
musas fueron remisas y comprendió enseguida que nunca pasaría de diletante capaz. Pero había probado la ten-
tación del arte, que lo acompañaría mientras recorría
Londres, París y Florencia en un *tour* exigente y que lo
obligaba a ejercer de crítico artístico para punteras revistas norteamericanas: *The Nation*, *New-York Tribune* y
Harper's Weekly entre otras. Descubría el impresionismo
y la pasión de describir con palabras los secretos de las
obras plásticas, la incógnita de las relaciones complejas
entre la obra y la vida, apuntaba desde París en 1877.
Quizás el mejor James «coloquial» emerge de las notas
apresuradas de esos años sobre pintura, que lo forzaban a
no perder muestra de nombre para transmitir sus emociones a los amigos de la Costa Este. El relato vehemente
del trotamundos agudo que acercaba al lector la fulminante transformación del arte europeo al romper el siglo XX, y matizaba el obstinado pesimismo del narrador.

Escritos tentativos de juventud, cierto, pero con el
entusiasmo y la cercanía de quien despierta en un amanecer límpido y pretende ajustar su mirada al paisaje deslumbrante. Desconcertado por el empeño de templar su
escritura y seriamente cautivado por la destreza del pintor, por su dúctil trabajo con el color y la trama narrativa
que quiere rehacer sobre la tela. La realidad esquiva de las
formas visibles que despuntan en un mundo nuevo: Delacroix, Daumier, Sargent, Turner, Whistler, entre otros,

contribuyen a fantasear el imaginario de una estética incipiente pero viva. En el fondo, dirá el escéptico, provisionales ejercicios de estilo forjados en la atmósfera cargada de salones y galerías en París y Londres, tan admiradas como insondables a los ojos del azorado ciudadano del mundo. Políglota, sí, e intrépido indagador de la opaca naturaleza humana que desconfía de la palabra. Años, además, en los que la aventura pública de James avanza segura hacia la cúspide de la fama, donde pronto entreví la civilización del conflicto y la duplicidad. Era la época de las «cien cenas» por temporada, cuando el escritor se doblaba en admirada figura de los clubes londinenses y los salones proustianos de París. El repaso de su agenda lo delata escrutando en un confuso palabreo de sobremesa los gestos y las maneras de los otros. No era ni un esnob ni un medrador, sino el atento escucha de los silencios penosos que encubrían la vaciedad de una conversación redundante. Un trabajador obsesivo que en la soledad rehacía experiencias y fantaseaba ficciones entre personajes imposibles. Un pesimista que nada espera porque jamás desespera, y solo confía en hilvanar retazos de verdad perdidos en el entrecruce de la confidencia huidiza que dará vida al relato inesperado. La vivificación del rescoldo encubierto en el «paréntesis jamesiano», como intuía Molina Foix, que propicia la coincidencia feliz entre arte y texto escrito.

A la zaga del joven Berenson, al James aprendiz de crítico le abruma la abstracción teórica, la dificultad que media entre percepción y ejecución, como si «la pintura fuera la pura tangibilidad de la visión». «Ver es sentir» será el reactivo al despertar las vanguardias. Se anhelaba activar la apasionada reinvención plástica que cedía a la forma el protagonismo de la representación. Esta es la clave para entender y aunar los apuntes a pie de obra de James y justificar su selección: la colección Wallace de Londres, la confusa ambigüedad de Messonnier, los impresionistas, los maestros de antaño, la escena londinense, los dibujos de Turner vistos por Ruskin. Junto con semblanzas de empeño narrativo: Delacroix y el desierto, el realismo inspirado de Murillo, el equívoco colorido de Zurbarán, maestro de luces y sombras, la agreste realidad de Ribera, apuntes que estimula la colección Montpensier, adivinada más que vista en París. Una sorpresa de iris punzantes, junto al descubrimiento súbito del arte de John Sargent. El pintor había pasado meses en España cuando escribe James en 1879, y Velázquez visualizaba una nueva idolatría artística: «El señor Sargent cayó de rodillas y esta posición define su estancia en España». *El jaleo* es un cuadro misterioso embebido de contrastes marroquíes, a la mirada de James.

El retrato de *Henry James* (1913) de John S. Sargent es otro ejemplo de excelencia y el símbolo de la amistad perdurable de dos creadores que pone en cuestión el empecinado pesimismo del escritor.

Oskar Kokoschka
Enseñar con imágenes

Alcancé a ver en París, en sus días finales y en el Musée d'Art Moderne, la solemne retrospectiva de Oskar Kokoschka: «Un fauve à Paris», que ahora llega a Bilbao. Música, danza y performance poética unidas en la celebración de un protagonista del arte austriaco, quizás no siempre considerado en su extraordinaria personalidad. Siete décadas de originalidad figurativa, de una imaginería plástica que es todavía un hito en la alerta modernidad europea. La obra *L'oeuf rouge* es en sí misma un alegato perverso: las gesticulaciones de Hitler y Mussolini frente al indolente felino francés en atrevido adiós a un mundo de ayer aniquilado por el enfrentamiento suicida. Cultura contra barbarie, vida o muerte. La ocurrencia desvela la ironía osada del cuadro, cierto, pero también ensayo sensible de despedida a una vanguardia europea rota, vencida. *Time, Gentlemen Please* de Kokoschka es el último y mordaz autorretrato del artista, cumplía ochenta y seis años y afrontaba el final con gesto divertido ante lo inevitable.

Herido dos veces en la Gran Guerra, Kokoschka se refugió en la enseñanza en Dresde, a la búsqueda de una inspiración eficaz nutrida por el expresionismo contagioso que se disolvería pronto en una Nueva Objetividad, deriva disimulada hacia la abstracción. Viajero resuelto, por entonces rendido al culto de Alma Mahler, Kokoschka huyó al norte de África y Oriente Próximo quizás con mayor curiosidad que entusiasmo, para entrever en los años negros del rearme colonial la faz macabra de la nueva era que amenazaba el arte en alza —primitivismo y vanguardia— como espacio inconfortable para la mirada dañada en el momento bastardo del nazismo.

Refugiado temprano en Inglaterra, intuyó en la tragedia griega y en su provocadora mitología la raíz de un fermento depurador en una tradición hecha añicos, que lo forzaba a desconfiar del trasfondo irracional de la cultura germana: Hölderlin y Novalis son la excepción, el mundo de la ensoñación y la fantasía. Bien mirado, el retorno activo a la añorada supremacía de la pintura. La magia de las formas de arte dará vida a la Escuela de la Visión, que educó a las generaciones por llegar en una manera militante de entender el arte. «Soy un expresionista porque ignoro otra forma de mostrar la vida», confesaba Kokoschka en el umbral de la madurez ante la desolación de una Europa destruida. *Autorretrato* (1917) había señalado el camino en plena Secesión vienesa y la estética de urgencia que domina el proceso formativo.

La pedagogía política de la revista radical *Der Sturm* permitió a Kokoschka participar en el Berlín sobreactivo y el universo velado de la nueva cultura visual apenas insinuada. Eran los años de la tormentosa relación con Alma y la didáctica carnal y transgresora de Otto Weininger. En tanto que el dadaísmo y Heartfield llevan al artista al redescubrimiento cómplice de Rubens, Rembrandt y Tiziano, a traducir a colores enloquecidos las moralejas clásicas que enmascaran la plenitud del lienzo. La enigmática *Muñeca* resume la malignidad del mundo de ultratumba que nubla el tiempo de contrición entrebélico y tiñe de inquietud el lustro alemán, cuando se descifra al fin la cultura trepidante del despegar cinematográfico expresionista. Una experiencia plástica decisiva.

En este enredo de contradicciones estéticas se perfila el arte intenso de Kokoschka. Recrea paisajes y personas con una paleta acaso visionaria, pero de indudable gravedad moral. Los relatos y ensoñaciones plásticas que visualizan el despertar vigilante del pintor lo aseguran. *Doble retrato de Alma* lo intuye y *Mujer de azul* o *El poder de la música*, ya en la década de los veinte, lo demuestran a ojos vista. Es verdad que los años de Dresde auguran el despliegue creativo fulgurante que distinguirá el arte de Kokoschka. Las jornadas parisinas y la secuencia controlada de galeristas que siguió al suicidio de Paul Cassirer en 1926 apuntan, además, una ruta quebradiza en la presencia pictórica del austriaco. Una pausa de reflexión cromática que colorea con ímpetu la búsqueda de motivos naturales a campo abierto y concluye en deslumbrantes paisajes: *Londres y el Támesis* es un óptimo ejemplo que preludia los años felices de Praga, donde conoce a Olga Palkowska y alcanza una riqueza de matices cromáticos que definen un instante sereno del artista.

El *Autorretrato como artista degenerado*, ya en los treinta, nos brinda el mejor testimonio de esa época: frontal de figuración seca y mirada perpleja que desafía al nazismo y abre un polémico debate de ideas en la Unión de Artistas Alemanes Libres, con Stefan Zweig, vaya, y otros notorios disidentes que acompañan el exilio británico de los años bélicos. *Anschluss* es obra sintomática. La luminosidad del puerto de Polperro en Cornualles aporta *The Grab* como indicio optimista, junto a la inesperada ciudadanía británica y la retrospectiva personal de Basilea en 1947. Kokoschka es ahora un cabal protagonista europeo.

En 1960 consolida la Escuela de la Visión en Salzsburgo, enseñanza con imágenes iniciada en 1954, donde junto a Gombrich establece un diálogo arriesgado con la rampante abstracción plástica en puertas. La obra gráfica alcanza en Kokoschka un nuevo perfil en su evolución final, y su obra adquiere una presencia pública sorprendente. Vuelve a ser el lúcido activista de *Asesino, esperanza de las mujeres*, y los dibujos cercanos de Berlín. Un póster totémico, *Ayuda a los niños vascos*, de 1937, fue un índice de aquel momento mágico. Los grabados para los Juegos Olímpicos de Múnich de 1972 serán tal vez una de las series tardías más personales: retorna a la mítica Grecia arcaica como piedra astral para la democracia amenazada por el consumo ciego, esa barbarie contemporánea.

La obra de Kokoschka se transfigura en una respetada memoria europea: un héroe del arte del siglo xx. Solitario y distanciado de tendencias y facciones artísticas, culminará su peripecia vital con la sonrisa franca que recuerdo bien en Colonia en un lejano 1962, en vísperas de la inauguración de una muestra legendaria y de la publicación clamorosa de su autobiografía viajera fantaseada: *A Sea Ringed With Visions* («Un mar cercado de visiones»), en su versión inglesa, que se tituló *Mi vida* en español.

Giuseppe Tomasi di Lampedusa
Evocación de *El Gatopardo*

En una tórrida sobremesa valenciana hace ya bastantes años —en los inicios de la década de los ochenta— nos contaba Giorgio Bassani las vicisitudes que habían acompañado su gestión y publicación después por Feltrinelli de *El gatopardo* de Lampedusa. La intensidad del sol y la bruma que la evaporación imponía en el horizonte marino evocaban la inclemente atmósfera de la Sicilia del príncipe —confesaba Bassani— tan alejada del confort burocrático, burgués y aséptico de las oficinas de Mondadori y Einaudi, en las que, a su entender de manera incomprensible, se había desestimado la edición del libro. Entre los argumentos y contraargumentos apuntaba la tendencia a la experimentación y el realismo social impuesto por Vittorini, que resultó excluyente, y el carácter levemente intempestivo del relato, leído por más de un crítico malicioso como una glosa personalizada de *Los virreyes* de Federico de Roberto, que insistía en clave histórica sobre la misma época y mostraba mayor ambición en la «veracidad» de unos pasajes que la opinión de entonces tenía por ajustados a los tipos ideales exigidos por el realismo descriptivo. Nada más equivocado. Al cabo del tiempo, la mirada de Lampedusa destilaba los efectos de una lenta elaboración —cincuenta años de observación silenciosa— y conseguía magistralmente entreverar un haz de historias convergentes vertebradas por la presencia grandiosa del príncipe de Salina, arquetipo de la vieja nobleza feudal consciente de su deriva en el proceso inexorable de intercambio social y simbólico propiciado por la unificación italiana.

Pero Lampedusa narraba también la historia idealizada de una familia —la suya, sin apenas disimulo— y las secuelas de una dilatada renuncia a la intervención pública, refugiada en la indolencia indiferente. *El gatopardo* es un mosaico brillante de aceradas individualidades, pero también una historia familiar hilvanada con la perspicacia de Stendhal y sometida al flujo de los hechos y su equívoca refracción personal en una estela de asociaciones —culturales, psicológicas e incluso léxicas— que evocan, cómo no, a Proust.

Con casi veinte años de retraso se publica ahora la biografía de Lampedusa —*El último gatopardo*— de David Gilmour, historiador británico formado en Oxford e incisivo cronista de la guerra del Líbano y la Transición española. Un libro imprescindible por su erudición y agilidad narrativa para vislumbrar la extraña peripecia del taciturno príncipe palermitano. El libro gozó en su momento de envidiable fortuna crítica y lectora, al extremo de oscurecer la concienzuda investigación del doctor Andrea Vitello —*Lampedusa* (Sellerio, Palermo, 1987)—, impecable recuperación del ambiente palermitano de los últimos siglos a la zaga de las huellas de la familia Tomasi, en alguna medida eslabón firme en la compleja caracterización de la identidad siciliana en el momento de disolución de la monarquía borbónica y del contagioso radicalismo garibaldino de efímera memoria. Una saga que ha visualizado en el tiempo el pesimismo irredento y anulador que el propio Lampedusa consideraba la causa primera del atraso y la marginalidad insulares: «Quien no conoce Sicilia no puede entender Italia». Vitello era médico en Palma di Montechiaro, feudo troncal de los Tomasi, y conocía casi personalmente el aciago destino de la estrella materna —Filangeri di Cutò— apagada por el escándalo público, unos amores de folletín con sangre al fondo, y los imponderables: el terremoto de Messina, los bombardeos aliados, y la consanguinidad y la endogamia. Por mi parte, intenté sin éxito que el libro se publicara en Barcelona —todavía guardo las cartas ilusionadas y manuscritas del autor— y, además, Vitello tuvo la desgracia de indisponerse con la viuda del escritor cortando así de raíz cualquier información novedosa procedente del archivo familiar.

Gilmour, sin embargo, con resolución británica logró colarse en las ruinas de Casa Lampedusa y descubrir por azar restos de su correspondencia y testimonios milagrosamente indemnes que aportan originales puntos de vista a su relato, enriquecido con la amistad de Gioacchino Lanza Tomasi, hijo adoptivo del príncipe y heredero de su memoria. El libro, pues, es un modelo logrado de la mejor biografía anglosajona: erudición suficiente y un sinfín de vivos detalles que proceden del relato oblicuo de quienes lo frecuentaron en sus años últimos, junto al libre acceso a la extensa documentación familiar tras el fallecimiento de la esquiva princesa, pionera del psicoanálisis en Italia y celosa defensora de la singularidad del escritor.

Pero Lampedusa es todavía un enigma. Hijo único de padres añosos y en buena medida incompatibles, edu-

cado por una madre pronto viuda y enfermizamente ob-
sesionada en un mundo de sombras, siempre abrumado
por los fetiches ancestrales que la fantasía familiar había
ido forjando a través de siglos de ostracismo: el duque
santo, el príncipe astrólogo, la mística abadesa y el fals-
taffiano abuelo —que provocaba a los burgueses paler-
mitanos paseándose desnudo en coche abierto, cuando
no estaba en París dilapidando con largueza su menguante patrimonio—. La mortal inmovilidad de la aristocra-
cia siciliana, encerrada sin miras en sus rutinas solares,
incapaz de la mínima curiosidad mundana y en proceso
de mortal declive: incluso los Florio y los Whitaker, burgueses emprendedores que mantuvieron el esplendor
prebélico —la sorprendente arquitectura *nouveau* y el
despliegue de yates reales en verano—, habían desaparecido. «Una sociedad que olía a muerte», agostada por un
clima esterilizador e intelectualmente oprimida por la
piedad popular y la tutela todopoderosa de la Iglesia: los
conventos llegaron a ser los espacios más activos de la
vida social palermitana.

Todavía hoy sorprende la riqueza de los grandes pala-
cios, cerrados a cal y canto a cualquier mejora y abando-
nados a su suerte, apenas entreabiertos en Navidad —la
misa del gallo era preceptiva— y en lánguidos cócteles
anuales, de intendencia más bien monjil —*dolcini* y mar-
sala— y fauna vencida. Recuerdo, bien entrados los sesenta, a la princesa de San Vincenzo, propietaria del Palazzo Gangi, donde se rodó el fabuloso baile de Visconti,
en severo traje negro y con velo, ofrecer unas pastitas a
los escasos elegidos que acudían a la bendición de animales que todavía se celebraba en su casa el día de San Antonio. Y el espeso y agobiante silencio del Circolo Bellini,

era el mes de enero, impregnado del acre aroma de descomposición de unos crisantemos marchitos.

Es difícil de explicar la limpieza y nitidez antirretórica de la prosa de *El gatopardo* sin algunas observaciones sobre su autor. Hasta los treinta años fue un provinciano enmadrado, encerrado en el angosto horizonte familiar de una sociedad ya inexistente: viejas historias de parentelas reiteradas con sus primos en Capo d'Orlando, esporádicas escapadas a París y Londres —peregrinaciones de un solitario hipersensible— al hilo de la brillante carrera diplomática del tío Torreta, un *drôle de guerre* en Messina, ascendido a cabo por buena conducta... y una sospechosa promoción a capitán de la reserva de artilleros que le llevó a Turín. Después, la fantaseada formación universitaria en Roma, urgido por el tío hacia la diplomacia, y siempre la potente sombra de la madre, en conflicto eterno entre el *beau monde* palermitano y las galopantes dificultades financieras. La copiosa correspondencia con Beatrice —vivió hasta 1946— sublima a extremos inverosímiles la conciencia del declive. Más tarde el *mariage blanc* con una exótica baronesa báltica, Licy, también medio pariente e hijastra de Torreta. Las cartas a Licy, escritas en francés —que el escritor utilizaba con mayor holgura entonces que el italiano—, nos dan el testimonio amargo de una polarización afectiva insoportable entre la resuelta y expoliada psicoanalista —los bolcheviques decomisaron sus propiedades en Stormersee—, sobreviviente de una relación de conveniencia con un homosexual barón nórdico, y la omnipresente mamá, mal dispuesta a tolerar la independencia del heredero.

Licy y su impresionante estabilidad emocional es, con todo, el único asidero seguro para Lampedusa a lo largo de su vida, convencida siempre de la valía intelectual y las serias convicciones literarias del príncipe, cuando su entorno las condenaba al sarcasmo —«el monstruo», lo llamaban por su avidez lectora—. Licy es quizás, con Lucio Piccolo, el poeta verboso e imaginativo de los *Cantos barrocos* que deslumbró a Montale, el estímulo más efectivo para comprender el insólito despliegue narrativo del escritor en su madurez. Entre 1926 y 1927, Lampedusa publicó tres artículos que tienen cierto valor indiciario para entrever los gustos literarios del escritor —Yeats, Joyce, Swift, Baudelaire, Leopardi...; más tarde, Proust y Gide—. A nadie debe sorprender, en consecuencia, la ilusión con que tardíamente se dispuso a enseñar literatura a un grupo de jóvenes desclasados en Palermo. Con Marella, Lanza, Francesco Orlando y pocos más, para los que redactó las más de mil páginas que constituyen sus cursos de literatura: inglesa primero, y francesa y contemporánea después. Una lectura de textos escrupulosamente preparada pero condicionada siempre por el gusto selectivo del escritor, sin condescendencia con los lugares comunes en boga e insistiendo hasta el cansancio en el detalle significativo que define la obra de arte. Los apuntes del príncipe recuerdan las deshilachadas exposiciones de Nabokov y muestran el disciplinado repaso de los espacios de la memoria que habían llenado la aparente ociosidad del escritor. Apuntes, como el libro, escritos en el café Mazzara, en interminables horas de soledad trashumante —salía de casa a las ocho y no volvía hasta después del mediodía—, en las que arrastraba su vieja cartera repleta de libros y golosinas.

Una imagen conmovedora dibuja a Lampedusa dictando el manuscrito de *El gatopardo* a Francesco Orlando en pleno agosto, en el bufete de su padre y en las horas infernales de la siesta palermitana, empapado en sudor y fumando sin parar. «*El gatopardo* lo preparó para una buena muerte —observó Lanza—. Para una reconciliación entre la vida y la muerte. Sicilia y el príncipe... No cabía más que leer, bostezar y esperar».

La publicación del libro debida al interés de Elena Croce y la diligencia de Bassani fue recibida de uñas por la crítica, pero obtuvo enseguida el premio Strega de 1958, que pretendía Mario Praz con *La casa de la vida*. El difícil profesor encajó mal la derrota, lo que tampoco colaboró a la mejor comprensión del libro, compartiendo la disciplina que durante su vida había acompañado al autor.

El gatopardo es una reflexión sobre Sicilia, pero también una emotiva evocación del paisaje —«montañas escabrosas, amenazadoras gargantas, flanqueadas de ondulaciones de un solo color, desiertas como la desesperación»—. Tal vez la vida del príncipe se avenga a una perversa observación de un crítico neorrealista entonces en su cenit: «Una vana búsqueda de sombras en un desierto abrasado por el sol». Más sensible fue el ensayista Massimo Ganci al sugerir la Sicilia irredimible de *El gatopardo* como una metáfora de la aridez existencial contemporánea: «El hombre moderno suspendido en el vacío: entre un pasado definitivamente muerto, evocado en clave de nostalgia, y un futuro todavía más cargado de enajenación».

Antonio López
El hombre que mira

El hilo rojo de la vida y el hilván multicolor de la fantasía
son las hebras que trenzan el relato artístico. Algo hay de
cierto en esta ocurrencia del escultor Alberto Giacometti, que hizo del «hombre que anda» el emblema mono-
cromo de las vivencias desoladoras del ciudadano del siglo XX. Inseguro, pero con la actitud resuelta, nuestro
filiforme contemporáneo de escayola apunta una manera
serena de situar el arte en el debate del imaginario actual.
Si añadimos la mirada lincea que dibuja el mundo en la
obra de Antonio López, obtendremos el mejor diagnóstico acerca de la necesidad del arte en tiempos de deriva.
La obra plural de Antonio López es el ejemplo extraordinario de una originalidad de difícil parangón y aporta un
saludable respiro: elude la retórica excluyente de los ismos artísticos —figuración frente a abstracción— y nos
sorprende con una sutileza incisiva de modelos certeros.

La suntuosa arquitectura del edificio que ocupan en
Valencia las salas expositivas de Bancaja presenta una selección sustancial de trabajos del pintor de Tomelloso,
más de medio siglo de exigente indagación formal, recibida con la atención notable de público y crítica que cabía esperar. La muestra se centra en el guiño partícipe y

directo del artista que rastrea, en el repertorio de la historia del arte, una sólida idea de pertenencia con las arquitecturas rurales de su tierra y la perspicacia plástica forjada en la Escuela de Bellas Artes de San Fernando en Madrid, junto a unos condiscípulos de excepción que supieron desentrañar el lenguaje de un realismo contagioso y proponer el arte recio que cerraría la década de los cincuenta. Una vanguardia radical en la historia de la pintura moderna española: la magia de lo real en la escuela de la mirada que ve en la presencia de las cosas la raíz del realismo carnal inalcanzable de Velázquez.

Para Antonio López, naturalismo y realismo figurativo, fascinación temprana por la aventura surrealista y enseguida el desasimiento existencialista en una Europa ayuna de referentes son los hitos de un proceso arduo. El reto severo que, en su caso, hace justicia a la tradición familiar de artífices de imágenes que desconfían de la cultura ficticia de una modernidad abstracta, sin arraigo. El artista busca inspiración donde la encuentra —la historia, el museo y el hallazgo casual— y emprende una batida generacional que solo el tiempo y la destreza afirmarán. Una definición activa del arte de hoy lo define como una idea fluvial: es figura, imagen, gesto, signo, concepto e incluso abierta intervención plástica. La conjura de factores sensibles que dirime sobre el espacio la batalla del significado, la obra de arte.

La exposición valenciana selecciona obras excelentes que enhilan la estética del artista, predispuesta por la apreciación sabia. *Desnudo en la playa* (1959) es un adelanto elocuente de lo por llegar: la figura dormida de una joven solitaria, quizás un anticipo que pronto logra complejidad con *La alacena* (1962), de brillante esquema reflejo que adelanta una serie impecable de bodegones domésticos. Los retratos del momento —*Mari* (1961)— son tentativas logradas de parecido, al igual que *Cena* (1980), puro alarde de la figuración crítica sin palabras en una escena de familia. Y siempre la tensión contenida de los motivos de un pincel diestro, que traducido en cincel nos lleva a las desnudas esculturas en bronce, como *Hombre tumbado*.

El punzante itinerario de Antonio López rehace la tradición del arte que arranca de Grecia, primera experiencia viajera, y profundiza en el humanismo renacentista del relato en color sobre brillante tracería geométrica, concreción feliz de un viaje iniciático temprano por Italia. Los dibujos *Hombre* y *Mujer* son diáfanos pasos certeros, junto al momento deslumbrador de la memoria urbana de Madrid en el umbral de la avidez especulativa. *Madrid hacia el Observatorio* y *Madrid Sur* son panorámicas contundentes, en contrapunto con el rigor narrativo de *Gran Vía*. La serie ejemplar de interiores domésticos de la década feraz de los sesenta presenta impecables construcciones que comparten una palpable sensibilidad visual de transparente evocación neorrealista. Escenas de interiores, sí, trabajadas por el tiempo que intensifica las ventanas hechas espejo abiertas al pasado rural, de siega y tablas de trilla armadas con pedernales cortantes.

Paisajes y pasajes vividos —*Casa de Antonio López*— o ideales modelos cimeros de cromatismo casi irreal como *Ventana de noche*, el icónico *Membrillero* y la arcaizante *Fátima*, de voluntad preclásica y mirada altiva. Otra obra magnífica corta el espacio y destaca con fuerza: *Sueño*, sobre tabla de indisimulada entonación goticista, cercana en audacia, vaya, a *Mujer en la bañera*, ausente de la muestra, pero ejemplo ideal del que llamaríamos «realismo espectral»: el agua ejerce de espejo ilusorio en un hábil juego de reflejos.

El arte evocador de María Moreno, compañera, cómplice y estímulo alerta de Antonio López, recibe en Valencia el homenaje obligado en una sala íntima: el conjunto de formas, temas, motivos y perfiles que denota la afinidad selectiva y nos abre al entorno feliz de un hogar de artistas: *Entrada de casa* o las secuencias florales que visualizan una perenne devoción familiar.

Exposición esencial, en suma, de obras de un artista único en nuestra tradición moderna que repasa el legado cegador de su obra. Una proeza, sí, en el momento cultural desvertebrado que vivimos. El artista confesaba: «He disfrutado casi tanto como espectador que como artista. No se me ha desgastado el interés, la ilusión, por cosas que he visto miles de veces». Al final la curiosidad, embajadora velada de la belleza. Acaso los momentos de arte de Antonio López intuyen fulminantes «momentos de verdad», en la aguda percepción de Virginia Woolf.

Édouard Manet
El incomprendido

«Un animal que pinta mujeres verdes desnudas» fue uno de los insultos más benignos que escuchó Manet tras colar su *Olympia* en el Salon de 1863, obra que el público embrutecido no hizo pedazos gracias a la protección policial. La exposición «Édouard Manet, inventeur du moderne» ha sorprendido durante los últimos meses en el Musée d'Orsay de París y ha abierto, por fortuna, la polémica sobre una obra impar que todavía hoy escapa a cualquier simplificación. Quizás el espacio no era el idóneo, sobrecargado arquitectónicamente y saturado de una decoración cargante: la estación ferroviaria que celebraba el esplendor industrial sometida a la cosmética posmoderna. Un diálogo al que no ha contribuido la secuencia discutible de obras, en definitiva, una llamada al orden en la apreciación de Manet y el retorno a su mirada sobre la tradición pictórica, que atempera la subversión esencial de su arte, siempre indiciario y pionero del despliegue impresionista. La muestra se obstina, además, en revindicar el brillante momento realista de Manet, descuidando la experimentación, como si la sorprendente veracidad de los temas no demostrara el empeño desestabilizador de un rebelde. Un momento clásico, otro momento exótico —la estampa japonesa— y la constante respuesta mordaz a su tiempo. Manet fue un artista descomunal, desmedido quizás como Picasso, pero siempre alerta frente a la acomodaticia perversión del arte cuando se aplica a las exigencias de un público ignaro. Un arte, así, que se hace del arte pero que impone su singularidad formal como criterio extremo de legitimación, que desmenuza creativamente las normas. Un coleccionista adquirió *Manojo de espárragos* a un precio excesivo para el artista, quien le envió al día siguiente el soberbio *Espárrago* del Orsay, un genuino manifiesto de pintura pura, con la nota: «Faltaba en su docena».

Édouard Manet fue una figura incomprendida: nacido en un medio altoburgués y mal ajustado al nuevo imperio, pero receloso con la Comuna de París, estudiante desigual que cambió las leyes por el mar, pero que tampoco fue aceptado en la escuela naval, tras vivir una inesperada aventura iniciática que lo embarcó hacia Río, donde descubrió el corazón de las tinieblas y la fuerza brutal de un mar imprevisible e indiferente a la acción humana. Estudiante de arte por benevolencia paterna, captó pronto la banalidad del academicismo y cultivó la insatisfacción que acompañó de por vida su obra: la eterna diatriba con su maestro Thomas Couture, con quien trabajó seis años y que le descubrió a Corot e Ingres. Enseguida el peregrinaje artístico: primero el Louvre, después Florencia, Roma, Venecia y la pintura holandesa. La sorpresa española, con Velázquez, Goya y Zurbarán, le llevó a la manera clásica matizada por la impresión lumínica y el claroscuro que potencia las ilusorias arquitecturas barrocas en un expresivismo de sensaciones totales. El imperio de las sombras y los cortantes claroscuros castellanos. *El bebedor de absenta* o *El guitarrista* visualizan otro proceso que acaso con *Gitana del cigarrillo* preludia la escandalosa *Olympia*, una pintura provocadora que adelanta la quimera figurativa de Manet a destiempo, en una actitud que solo aspira al reconocimiento del salón y a situar en él la prosa del mundo diario, un arte libre se-cuestrado por la caduca teatralidad académica, muerta. Los retratos de Manet y el taller fluvial, a plena luz, des-tacan la iniciativa.

Aquí radica el fulgurante despegue del arte de Manet, siempre al resguardo de la tradición y deslumbrado por los españoles, pero que malentiende los negros contor-nos, la paleta oscura y apuesta por un rigor autodidacta: aprender a pintar pintando. Un enérgico toque plástico que define su rebeldía artística y la inseguridad íntima de quien ya era un ídolo para los impresionistas y un agudo dandi adicto a la bohemia con la holgura del rentista, al-guien que valora la experiencia y la experimentación como las magnéticas polarizaciones de la modernidad, un burgués republicano que pintaba con la convicción desnuda del convicto. *La evasión de Henri Rochefort* es un buen ejemplo: difumina la épica peripecia del personaje en un mar arisco, de oleaje verde azul en horizontal. Un adelantado del impresionismo siempre cómplice, cerca-no a Degas, Renoir y Monet. Destaca ahora la «provisio-nalidad» de la pincelada que disgustaba a Zola, un crítico del impresionismo, de la pintura de sensaciones forma-les que disuelve el motivo. *Desayuno campestre* demuestra que el arte atiende a ideas y conceptos, pero lo que cuen-ta es la solvencia de las formas para captar la verosimili-tud de una realidad huidiza, el laboratorio de las formas y la química del pigmento y la luz. La sabia manipulación plástica. Un ataque a la solidez de la naturaleza y un punto de vista variable, cercano. La grandeza del acto pictórico, ni pretencioso ni emblemático: escenas de la vida moderna. De *La ejecución del emperador Maximiliano*, irritantemente antiheroico, a las punzantes figuras desnudas o las sardónicas variaciones de Cristo, siempre a pie llano.

Parece que Manet esclavizaba a sus modelos a la zaga del toque perfecto que desajustaba la composición en beneficio de la «intención», según los contemporáneos. *Autorretrato* (1877) supone lo contrario, al igual que el *Desayuno campestre*. La pintura a ras de suelo y a ras de piel, como el perturbador *Torero muerto*, homenaje a Velázquez y Goya en su concisión. Esa atrevida composición en diagonal. Pero también percibimos el Manet solidario que idolatra a Berthe Morisot, admira a Zola y escucha a su mundano confidente Proust. El clandestino conspirador plástico que celebra en *Olympia* la intuición de la belleza y nos da en el *Balcón* el diagnóstico certero sobre un arte posible en su tiempo, retrato de grupo que aquilata calidades estéticas al margen de cualquier jerarquía de géneros —retrato o paisaje interior—. Se entiende el odio visceral de Gérôme, relamido *pompier* con mano maestra, impecable presidente de la Académie e implacable enemigo de Manet, cálido *route* que admiraba a Baudelaire, Courbet y Delacroix y comprendía como nadie a Tiziano.

Que Manet haya sido «el pintor de la vida moderna» interesa poco al visitante parisino. Tampoco que presagiara la abstracción. Lo primordial es saber cómo alentó una pintura otra que sin disolver formalmente el objeto —léase impresionista— prende en trazos broncos y sucintos la verdad oculta de las cosas, la entidad de las apariencias sensibles. Un realismo esencial matizado imaginativamente por la pintura —ilusión y signo plástico— que hace del artista un prestidigitador de instantes, ese alud de percepciones casi táctiles que nos brinda la naturaleza o fantasea nuestra sensibilidad. El humilde y desvalido cojo que avanza por una endomingada avenida de banderolas —rue Mosnier—, junto al rictus entristecido de la camarera del Folies Bergère sobre el espejo frontal que magnifica *la vie* de París.

Édouard Manet
Manet y el impresionismo

A la zaga de una información académica trasnochada, he dedicado unas mañanas de asueto estival a rastrear en los archivos del finado Ministerio de Educación Nacional durante la época procelosa del primer franquismo, los años de manos sueltas del ministro Ibáñez Martín. Los expedientes aparecen ordenados, con los claros y omisiones que rigen el momento y las fricciones entre tribunales improvisados y una legislación estratégica. La tarea reserva alguna sorpresa y clarifica la conjura universitaria en tiempos de rearme ideológico y de redefinición de cuerpos y secciones docentes. Se repiten nombres, *curricula* de candidatos permanentes que perfilan fidelidades y deserciones al azar de tendencias de presiones en alza, con un curioso zigzag de nombres omnipresentes en la administración de una poética educativa agresiva que no termina de dar con el perfil, inequívocamente represivo y plegado a los bandazos del poder. El caos administrativo que sugería una quimérica normativa formal sometida a la voz de mando: ¡sálvese el que pueda! Por fortuna, años atrás un grupo de solventes historiadores dirigidos por Mariano Peset, Universidad de Valencia, rehízo el periodo y descubrió al lector las intrigas para entender un momento intencionadamente velado. Árida verdad. En el caso del historiador catalán Jaume Vicens Vives, destaca con limpieza en el revuelto panorama debido quizás a la perseverancia y condición beligerante del candidato, obstinado opositor a una invisible cátedra de Barcelona. Docente con la República, Vicens había pasado un curso intenso en París donde descubriría la Escuela de los Annales y la actividad rigurosa que lo convertiría en el converso temprano de la historia económica que vertebraría su vida. Entre las novedades que nos desvela el impecable expediente académico de Vicens, que opta a Zaragoza y se presenta por séptima vez ante el tribunal, resalta el ejercicio de libre elección, un trabajo original de investigación de casi treinta páginas de cuidadosa mecanografía.

La cátedra se convoca con un enunciado inédito, «Historia de la cultura», con la novedad de una mayor ductilidad temática. Vicens eligió del programa el arte moderno, vaya, al parecer estimulado por Bernard Dorival y la presencia de Pierre Francastel entre sus confidentes, quienes le insinuaron que persiguiera la estela contagiosa del impresionismo centrado en la evolución modélica de Manet. De aquí el título que abre estas líneas. Veamos qué argumenta el candidato Vicens Vives, que habla en la mañana del 20 de abril de 1944. La intervención resultó brillante, precisa y convincente, aseguran las actas, cuando se expresaba como un sutil intérprete de la pintura moderna. Nueva sorpresa.

Vicens Vives inicia su pesquisa en el momento complejo del Segundo Imperio y entrevé la doble directriz en los espacios artísticos franceses. Los llamados academicistas, seguidores fieles entonces de Ingres, que profundiza la línea y la composición figurativa y propone el clasicismo como modelo plástico y virtual. La pintura romántica es otra vertiente de aproximación al arte nuevo, de la imponente versatilidad colonial que descubren en Delacroix el testigo audaz. Los Salones oficiales ahogados en la grandilocuencia mostraban una inequívoca voluntad *pompière*. Brillaban, es cierto, focos oraculares como Constable, que sometía el paisaje a la cruda iluminación cenital. Además de Turner, que confiaba valientemente en las fantásticas imaginaciones que consigue la acuarela. Por otro lado, apunta Vicens, el arte piadoso de Millet se adentraba en el realismo simbolista, en tanto Courbet, y es el modelo notable, relucía como renovador acerado que prefería sin titubeos el enfoque social de la representación, con temas de fuerte influencia y popularidad. Pero fue Manet, sin embargo, quien se convertirá en el adalid francés del siglo XIX. Un miembro notorio de la burguesía financiera ascendente y harto del amaneramiento narrativo del formalismo afectado, insiste el opositor. Manet comienza por recuperar los contornos fuertes y la perspectiva lineal, desdeñando las «tonalidades pastosas» y el claroscuro para fundamentar su teoría del pigmento en el modelado de intensidad luminosa. Vicens apunta el hallazgo naturalista holandés, pero se detiene en el costumbrismo hispano, su abigarramiento narrativo y realismo local, que descubre en Goya al superdotado artífice de tipos de la calle. La pintura de Manet aspira decidida a atrapar la *tranche de vie* en su obra magistral. La mirada, como el órgano privilegiado de la figuración.

Desayuno campestre fue en su momento motivo de escándalo colosal, e incluso la ponderada emperatriz Eugenia de Montijo le volvió la espalda. Mientras, Manet depurada su estilo en los cuarteles estivales de la Toscana y

Olympia fue una llamada revolucionaria al arte libre. «El sedeño desnudo realista» despertó la curiosidad de Zola y lo transformó en rendido apologeta del artista. Es cierto que las formas visibles se diluyen en «manchas de color» y activan en el relato retiniano un matiz nuevo. La magia formalizadora y efectiva de Monet fue el artífice pionero del cromatismo radiante y la composición valiente. Rehízo a la manera de Turner las posibilidades plásticas del Parlamento británico. Monet, alumno exquisito, trabajaba al tenor de la luz solar que modelaba el natural. Y aquí, curiosamente, se detiene el visual Vicens en dos modelos superiores que recuerdan la impronta impresionista con originalidad y nitidez cromática: Degas y Renoir. Las fantasmagorías activas de ballet de Degas son «míticas», en palabras de Vicens, y concluyen en la representación de una atrevida lluvia de luz que no deja títeres en pie. Una muestra «estrepitosa» para el público del momento.

Renoir fue, por el contrario, bastante más humano, subraya Vicens. Puntúa un clasicismo que hará eterno el instante impresionista a través de escenas de una humanidad cercana y cegadora. El escenario del Bois de Bologne es el campo sensible para la «luz del espíritu» que soporta los efectos reflejos de la «luz de la materia». Hasta aquí Vicens.

Jaume Vicens Vives nos ofrece, así, exhausto, la lección de un joven maestro del arte imprevisiblemente original. Un historiador social, además, que marcó época y alentó una escuela de reflexión histórica imperecedera. Era el momento callado de Hauser. El desafío del *Desayuno campestre* ganó la partida y Vicens entró en la polémica plástica como un efervescente provocador del medio artístico, que curiosamente no era el suyo.

Thomas Mann
La ciudad tomada

Lejos de mirar el mundo para someterse a él, el artista lo filtra, sugería Malraux, tal vez. Los diarios bélicos de Thomas Mann evocan en el recuerdo una lejana vivencia: mediados los setenta, una tarde gris en el salón de actos del antiguo Instituto Alemán de Barcelona con escasa entrada universitaria. Un joven elegante de dicción imprecisa presenta con vehemencia la primera entrega de un retrato legendario del extraordinario escritor alemán: *Diarios de entreguerras 1918-1939*, como lo califica ahora el editor (Debolsillo, Barcelona, 2021). Se discuten algunos fragmentos, olvidados hasta el momento, de indisimulada entonación erótica, que desvelan las confidencias a media voz de un literato de prestigio y mueven al sonrojo: la despedida de un anciano a la prestancia seductora de un atrevido camarero que lo atiende en un hotel anónimo de la Riviera francesa. La lectura produjo una incómoda desazón entre los oyentes: Mann era un clásico indiscutido del que acabábamos de descubrir un film equívoco, *Muerte en Venecia*. La obra muestra un dilema transparente del compromiso humanista, liberal mejor, impecable e implacable para la época crispada que atravesábamos: se celebraba la transgresión. El debate que siguió, hábilmente administrado más que dirigido por otro joven, este airado, insistía en el talante desestabilizador de los tiempos y el inquietante desafío del desorden sobre la corroída moral burguesa en una época de «pecaminosidad consumada», en el diagnóstico terminal de un huidizo pensador comunista en sequía creativa. Acaso agua pasada que permeaba la desmoralización creciente.

Ha trascurrido medio siglo de tolerancia sin adjetivos, diríamos, y esta puntera edición actual nos permite acceder a la versión acabada de los absorbentes cuadernos que cubren dos décadas decisivas en la historia europea: 1918-1938. La infiltración ponzoñosa y en auge del nazismo, la amenaza inminente y aterradora de un renovado conflicto mundial. La evidencia oculta del caos. Me detengo en dos escenarios significativos, haz y envés de un relato veraz y disolvente: el confinamiento amedrentado del escritor Mann en Múnich, entonces una ciudad fantasma poblada por una ciudadanía alerta que desconfía de la fidelidad de sus gobernantes, teme la desbandada de los erráticos sobrevivientes de las trincheras y responde con rabia a los bastonazos disuasorios de una policía embrutecida y adiestrada en la contundencia efectiva de la porra. Patéticos momentos de angustia que hieren, día tras día, como el taladro que horada la mente intoxicada por una información sesgada y desafiante. La irritación de un falaz armisticio, además, confina la economía posbélica a una hipoteca vengativa —mil millones de marcos oro— y debate una improbable república de los consejos desgarrada entre facciones antagónicas: la ceguera pactista y la revolución permanente que conducirá el país en quiebra a la nada. Esta es la imagen que alucina al perplejo e impotente narrador.

Las páginas arrancadas al sueño de un escritor en la cima de su popularidad, envidiado padre de familia y ciudadano emblemático del mundo nos transmiten el testimonio angustiado e irónicamente doblado de una indiferencia punible. El buen burgués desconcertado por el radicalismo vanguardista y el realismo narrativo del hermano Heinrich, quizás auténtico héroe en esa escena trágica, quien sin titubeos se aventura en la causa partisana y salta al vacío de la clandestinidad y el exilio.

Por fortuna, Thomas Mann es un escritor de convicciones y conoce como nadie que un imperativo personal irrevocable somete al juicio la página en blanco del cuaderno de trabajo. El filtro despiadado de la palabra liberadora y el árido quehacer diario que rellena las experiencias de la vida. Escribe y reescribe hasta el amanecer *La montaña mágica*, y no perdona ocasión, cierto, para dar testimonio enérgico de su actitud ante la barbarie en puertas. Los diarios ocupan casi ochocientas páginas de tipografía apretada y recuperan las cuentas del día que el creador rechaza al caer la noche. En definitiva, confidencias inclusivas para la clarificación del instante, donde se multiplican los motivos personales a menudo anecdóticos, seguidos de incisivos pasajes que insinúan de la confusión de la amenaza latente.

El año 1919 es una fecha astral que da cuenta de la evolución urbana alemana, cuando se entrevén las consecuencias de la palpable polarización social: comunismo o barbarie. Las posibilidades reales de un socialismo civilizado son quiméricas, la violencia política disuelve las buenas voluntades y el escritor traza a tientas un entramado de eventualidades imprecisas. Pero la vida se afila las urgencias: «El descubrimiento de un atractivo joven en una charla casual. Un concierto clandestino de Chopin, la extrema situación de Danzig, la candente cuestión polaca. La intromisión intempestiva de los sóviets...». Motivos trenzados de un malestar cegador que producen reacciones inesperadas. Mann fue siempre lector de Hamsun, excepcional novelista, que de súbito descubre complicidades nazis. Devora *La decadencia de Occidente* de Spengler y la sorpresa de las ironías del banal conde Keyserling. Vuelve a las «reflexiones de un apolítico» para desarmar la conjura que ahoga cualquier civilizatorio, pero sin descuidar los «rituales emancipatorios de los callados admiradores». El bienestar familiar y la poderosa vigilancia de Katia, «mujer fuerte». Bertram es confidente fiable y lector sagaz de sus escritos... «Pero conviene cuidar la previsión de habanos y mosela». La ilusión de una normalidad fictícia que alivia la dureza erosiva del día. «Un tiempo invernal que purifica la blancura de la nieve».

La Nochebuena de 1919 es indiciaria. Mann despierta enfermo, «triste e irritable», escribe. Llegan los regalos navideños, destello optimista, con el tributo sonoro de los hijos, que celebran coralmente la Navidad en el despacho. «Nueva edición de *Señor y perro*, y al anochecer la impecable cena ancestral —ganso y pasteles, champán francés—. Auténtico aroma de opulencia». «Las campanas navideñas repican con alborozo en la ciudad», augurio confiado para el hombre lúcido que quizás empieza a fantasear una vida nueva tras esos años de desencanto. Acaso el «optimismo de la voluntad» que el eufórico exilio californiano pondrá pronto al alcance. La lección de un maestro cuyas reflexiones rinden culto a la vida y nos descubren sin disimulo un rostro de gesto heroico, un rostro humano, quizás demasiado humano. «El literato de la civilización».

Henri Matisse
Las berenjenas de Matisse

Interior con berenjenas (1911) es una pintura desconcertante de Matisse: tres berenjenas de color azul oscuro sobre un mantel estampado junto a un biombo con sencillas tracerías en blanco y un espejo sesgado. La ventana del estudio encuadra el paisaje. Los dibujos en superficie —esa vieja quimera decorativa *fauve*— se abren y cierran como un laberinto de reflejos. Quizás sea cierto que representa con brío la apoteosis del Midi cuando el pintor volvía de Sevilla enfebrecido por la experiencia hispana —Todelo y El Greco— que había de complicar su paleta. El amigo Simon Bussy encontraba la obra insustancial, pero Braque peregrinó kilómetros para ver la obra, que acabó en manos de los Stein para ser adquirida por Matisse y depositada en el Musée de Grenoble, donde ya acumulaba cuarenta años de silencio. Es el último «interior sinfónico» de Matisse y una obra capital para comprender su pintura primera. En estos tiempos de confinamiento, vaya, se rompe el silencio y se transfigura en la protagonista de una inesperada exposición en el Centre Pompidou que descubre una trama insólita. En 1971, el escritor y militante comunista Louis Aragon publica un relato sorprendente que reúne treinta años de actividad

creativa. De hecho, un trabajo a cuatro manos en conni-
vencia con el pintor: *Henri Matisse, roman*. Quizás el
diálogo vehemente entre el artista y el escritor proyecta-
do en 1941 como una conversación sobre el arte en dos
lujosos volúmenes reeditados después, en 1998, por Gallimard, en rústica. La calidad y exigencia de texto e ilus-
tración, ahora en blanco y negro, es una opción valiente
en el momento del color, que además recupera el dibujo
y la línea como seña identitaria del maestro. La actual
exposición la entiendo como un homenaje al libro y la
pugna entre dos personajes de excepción que debió pro-
vocar sudores al editor y alguna sorpresa a los diseñado-
res. En la muestra, algo más de cien pinturas nos dan la
dimensión formal de Matisse y trazan el diagrama de su
itinerario artístico, flanqueadas estas por dibujos, algunos inéditos, como los apuntes a tinta de Aragon, que
conviven con otras certeras sanguinas en una serie de testimonios amigos.

El conjunto se despliega en nueve salas en orden cronológico, pero ancladas en diferentes «momentos de verdad» que concretan el signo plástico distintivo; abierto el
espacio por *Interior con berenjenas*, que visita la capital
como lujo inesperado, acompañada la obra de los fondos
del museo que vertebran la selección, con notables prés-
tamos públicos y privados que articulan cinco décadas de
trabajo febril. Un paseo por la memoria de los protagonistas que puntúa la mirada del artista sobre su previa
obra y fía al visitante el diagnóstico final, con ajustadas
visiones de descollados especialistas matissianos: Georges
Duthuit y Clement Greenberg entre ellos. Un ejercicio
de escritura compartida deslumbrado por la confidencia,
la palabra ajustada que distingue los libros de autor de

Matisse y desborda originalidad a partir de la década de los treinta: *Poésies* de Mallarmé o *Jazz* entreveran texto y plástica y culminan en los recortes coloreados de la aventura de Vence, con los impulsivos dibujos a mano alzada. *Nymphe dans la forêt (Verdure)* es acaso una pintura icónica del instante.

Entre las secciones que jalonan la muestra despuntan a mi entender algunos hitos más cercanos a mi apreciación sensible: el magistral análisis de Rémi Labrousse, por ejemplo, del extraño bodegón de las berenjenas, obra que todavía nos cautiva por su frescura y sencillez, modelo del hacer del pintor en un tiempo conflictivo, cuando disputan espacio las vanguardias en alza, a la vez que despierta la avidez de los poderosos coleccionistas rusos. Obra pintada en Colliure con desafiante voluntad decorativa, que visualiza al detalle la impronta del fauvismo menguante, cierto, de Matisse. Con *Marguerite lisant* (1911) es, sin duda, el colofón del alba del arte del pintor, que fundamenta una descripción radical en *Notes d'un peintre*. Un elocuente escrito teórico.

El color negro marca, enseguida, la época de los perfiles que añaden profundidad a la escena y limitan el espacio plástico con figuras hieráticas, de gesto perplejo: *Marguerite au chat noir*. Personajes enigmáticos según el *connaisseur* Leo Stein, pero bellos desde cualquier dimensión: el tempo decorativo deriva casi en la abstracción que diluye el entorno plástico con resultados sorprendentes. «La main et la flèche», nuevo paso en nuestro recorrido, cubre la década viajera de los treinta y depura la figuración de los extremismos gestuales. Visita Estados Unidos y deslumbra a todos con *La danse*, un desafío genial exigido por el atrabiliario doctor Barnes, que constituye una proeza de limpieza gráfica, donde línea y color conjuran un arte exento, espacial, de una vitalidad contemporánea que nos deja sin palabras.

«Jour de la coleur» es otro remanso ineludible en el despliegue de París, que sin embargo concluye con la fascinante hazaña decorativa de la capilla dominica del Rosario de Vence, proyecto de obra total de dibujo diáfano y sobriamente expresivo que complementan dos espléndidos *Vitrales* y los originales ornamentos de culto para la liturgia romana: capas, casullas y ternos de altar. Un homenaje doble a la artesanía ancestral de la tradición del vidrio y el plomo, pero también a la callada tarea del bordado imaginativo y arduo trascendido en una suerte de religión del «libro sagrado», como confesó al *père* Couturier, alma de la empresa cultural que pronto acompañaría la Fondation Maeght. Los sutiles *Nus bleus* y *La tristesse du roi*, recorte en color de 1952, como el pintor entendía los *gouaches* recortados, llenan de imágenes de vida los años últimos del artista. Un alegre himno a la creatividad de un anciano que se niega a abandonar el pincel en un instante feliz. Louis Aragon cierra aquí novecientas páginas de memoria cómplice, frente a la sonrisa irónica y gozosa del dibujo en lápiz *Matisse* (1952), «en el último minuto», el equívoco punto final de un genuino *roman à clef* sobre Matisse.

Lee Miller
Una americana en París

El incisivo crítico británico Cyril Connolly elaboró una peculiar tipología de congéneres con el loable propósito de orientarse en el marasmo escolar de Eton. Un tipo en alza era el caracterizado por el mordaz autor como «rubio-rubio», gente de formas suaves y gestos tímidos en contraste con el instintivo y agreste «moreno». Gente con algo de inaprehensible y etéreo que destilaba mal que bien un persistente fondo de tristeza. Poniendo carne a la idea, me he entretenido en ocasiones detectando entre la fauna callejera londinense los modelos más cercanos a la sistemática de Connolly y puedo añadir otra característica notoria: aquellos que exhiben esa envidiable piel traslúcida, casi irreal, que añade un aura de belleza sin tiempo a personalidades como la princesa Diana —incluso paseando en chándal por los jardines de Kensington— o la enigmática fotógrafa norteamericana Lee Miller.

Lee Miller es todavía hoy un personaje esquivo del que solo se conoce la anécdota, a menudo oscurecida por la energía negativa de alguno de sus conocidos compañeros y cómplices: Man Ray y Roland Penrose entre los sabidos, pero «hubo tantos», según confesión propia, que se hace difícil la apreciación cabal de su magnética identidad. Se publica ahora afortunadamente *Lee Miller* (Bloomsbury, Londres, 2006), de la acreditada periodista cultural Carolyn Burke, después de un par de tentativas apenas logradas a medias: la narración del periodo bélico en una borrosa autobiografía en imágenes —*Portraits from Life*, del historiador Calvocoressi— y el testimonio de su hijo Antony Penrose —*The Lives of Lee Miller*—, emotivo homenaje de un vástago tardío que necesita comprender los motivos y las razones de una madre a menudo desnaturalizada pero siempre fascinante.

Carolyn Burke se muestra razonablemente temerosa de rebasar la estela de glamour que la figura de la artista ha impreso en quienes la conocieron y opta en consecuencia por un procedimiento narrativo impecable, pero con incómodos altibajos: la biografía-agenda. La biógrafa reconstruye año tras año, y en ocasiones semana a semana, la trepidante actividad de los años franceses de Lee, su iconoclasta manera fotográfica y las devastadoras consecuencias de su prodigalidad erótica en el momento de irrepetible euforia surrealista, cuando junto a Man Ray intimó con Paul Éluard, Paul Nash, Max Ernst, Peggy Guggenheim y Jean Cocteau. Conoció a Penrose y frecuentó a la banda de Picasso para, depresivamente descorazonada, escapar a El Cairo y liarse en un matrimonio de conveniencia con un rendido brahmín nativo. ¿Quién fue Lee Miller? Sobre todo, si me permiten la opinión, una belleza legendaria. Basta una mirada a la desconcertante fotografía de Man Ray, peinada *à la garçonne* y con gesto ensimismado, para quedar cautivado por la imagen. Pero también fue una profesional de primera magnitud en la época de oro de la experimentación

fotográfica, el revelado solarizado de Man Ray y el fotomontaje que cubren los años de entreguerras. Discípula
aventajada y musa de Man Ray —se plantó en su casa al
grito «de aquí no me voy, enséñeme» y se metió en su
cama—, fue descubierta enseguida por el astuto Condé
Nast, que la convirtió en cuatro días en modelo internacional de *Vogue*.

La infancia de Lee, sin embargo, no permitía entrever
ese audaz despegue. Nacida en 1907 en Poughkeepsie,
en el estado de Nueva York, hija de un ingeniero, hábil
ejecutivo de la tecnología aplicada, puritano y energético
además hasta los cien años. Al parecer fue violentada en
su niñez por un confidente infiel y contagiada de una
enfermedad venérea que arrastró de por vida, con la secuela de hermetismo, inseguridad y radicales crisis de exhibicionismo que los amigos menospreciaban como la
reacción desinhibida de una indolente malcriada. No
consiguió terminar en ninguna escuela y fue expulsada
del Vassar College por conducta impropia. Quizás la figura poderosa y omnipresente de Theodore, el padre, se
transformó en el referente de una estabilidad posible. De
hecho, fue el hombre de su vida, a pesar de las distancias
y los desencuentros constantes, y un astuto manipulador
de las emociones siempre ambiguas de su hija.

Lee escapó a París en 1929 y se convirtió junto a Man
Ray en una codiciada modelo erótica —el prototipo de
la rompedora *femme surréaliste*— que fascinó a Cocteau
en *La sangre de un poeta*. En 1932 termina con el fotógrafo y se transforma en una imaginativa retratista de la escena francesa para *Vogue*, con algunos ejemplos tan contundentes como el retrato de Joseph Cornell, de 1933. El
malicioso biógrafo de Picasso John Richardson se ha re-

ferido a la «disponibilidad romana» de las mujeres surrealistas, su valor de trueque en el ejercicio imparable de ascensión mundana de sus camaradas. Ha sugerido incluso que la fascinación de Lee sobre Picasso en los años finales de los treinta obedece a una diestra maniobra de Penrose para aproximarse al Maestro-Monstruo. Chismorreo, sin más. Picasso retrató a Lee, la convirtió en el modelo para *L'Arlésienne*, sencillamente porque era una mujer bellísima que ocultaba una fuerte dosis de misterio: casada en Egipto —su fotografía desde la cima de la pirámide de Guiza es sublime—, pero a la vez entregada cómplice de Penrose. Picasso la retrató al menos seis veces, como tributo de un artista a otro, y Lee nos dejó del artista alguna de las mejores instantáneas que deslumbraron a Cartier-Bresson.

Lee Miller fue siempre una intrigante portentosa. Casada con Penrose y asentada en Londres, llegó a ser una competente agente de su marido en la habilidosa estrategia de renovación del angosto panorama artístico británico: organizaron con Herbert Read la arriesgada exposición surrealista de 1936 que llevó a Dalí a Londres y echó las raíces de lo que más tarde sería el Institute of Contemporary Arts (ICA). Una anfitriona ideal, además, como demostró en los opacos años de posguerra, cuando incluso Picasso fue a visitarla durante la aventura rural en la que se había embarcado Penrose. Mi vecina en Kensington Julie Lawson, estrecha colaboradora de la pareja en los años de reconstrucción artística, todavía recuerda las dotes de persuasión de Lee y su capacidad de seducción. Personajes tan imprevisibles como Lady Dufferin, auténtica diva de los *vernissages* del ICA, me confesaba su intimidación apenas aparecía Lee.

Pero, insisto, Lee fue una fotógrafa de excepción. Infiltrada entre las tropas del general Patton, estableció una dura competencia en el reportaje bélico con los grandes del momento: Capa y Bourke-White. Con David Scherman siguió a los soldados en Normandía y desarrolló una revolucionaria concepción del relato bélico aun hoy impresionante. Lee apuesta siempre por el valor práctico de la fotografía, bien aprendido del coronel Steichen en sus *raids* aéreos sobre Alemania. Las imágenes deben ser directas, testimoniales y asequibles al gran público, es verdad, pero también deben traducir la respuesta de la sensibilidad del artista. Las fotografías tomadas en el Londres bombardeado son únicas por su contagiosa fuerza dramática: el frontón clásico de la Nonconformist Chapel vomita un torrente de escombros y hierros retorcidos —la serena quietud de las formas del arte frente a la intervención agresiva de los mundos del hombre—. Los fotogramas de Lee Miller traducen quizás la mirada del yanqui ingenuo embebido en la sensibilidad del «sueño americano», como testimonian las escenas de la liberación de París. Si Bourke-White, también hija de un ingeniero, refleja los despojos de la industrialización, las fábricas destripadas por las bombas, el fin de la euforia tecnológica, los reportajes de Capa para *Life*, en simultánea afinidad con Lee Miller en *Vogue*, intentan captar la mirada de las víctimas, el horror ante la barbarie y el trágico deambular de unas vidas dañadas para siempre.

Miller se alinea con la infantería y entra en Dachau en 1945. Sus fotografías son un documento de humanidad y un gesto de indignación a su vez. Una guía turística, repetía con sarcasmo Lee, para la Nueva Alemania: los «inocentes» vecinos que no querían saber, los seres

humanos devastados, envilecidos por sus iguales y reducidos a horrorizados autómatas de la sobrevivencia. Un
museo de los horrores. La familia suicida frente a la foto
del Führer en Leipzig, el fotomontaje surrealista de la
planta química de Ludwigshafen en llamas. La audaz re-
portera se cuela en el apartamento de Hitler en Múnich y
se fotografía tomando el primer baño en la ciudad libre
—delante la foto enmarcada del dictador, al pie los aja-
dos botos de campaña, y en la esquina un desgraciado
bibelot clasicoide en yeso—. «¡Créanlo!», telegrafía airada a *Vogue*.

Los últimos años de Lee Miller fueron nostálgicos y
dominados por la depresión, de reencuentro con los suyos y de titánico rehacer un tiempo que se le escapaba.
Lee visitó Barcelona cuando Penrose trabajaba sobre
Miró. Recuerdo una cena en casa del galerista Joan Gaspar pero sin ella, con Miró y Roland dibujando constela-
ciones surreales con las ceras de los chicos de la casa. A
Lee la vi solo una vez también en la Sala Gaspar ya entrados los setenta, escapando al bar Geroni —en Consell de
Cent— a la primera ocasión, a la búsqueda de un marti-
ni «con aceituna». Enfrascada en un libro de cocina,
abiertamente heterodoxo, le dedicó a Miró un exótico
arroz de pollo con sésamo, para que «disfrute de los sabo-
res desconocidos en Catalunya». Elvira Gaspar, cocinera
excepcional siempre presta al envite, terció con una receta local fabulosa: *suquet de peix de senyoret lligat amb
allioli*. No creo que Miró titubeara. *Où les personnages
d'antan?*

Joan Miró
Años de contrición

El último y definitivo volumen de la biografía de Joan Miró, *Joan Miró sota el franquisme*, del destacado periodista Josep Massot, redondea la investigación conocida con enfoques inéditos y afila el examen de las opacas transacciones artísticas durante la Dictadura. El libro presenta un alegato impecable e implacable sobre un tiempo ido, sí, pero cuyas consecuencias todavía nublan el debate cultural contemporáneo. Todo relato biográfico, pensaba Tolstói, acaba en una redefinición de su época. Sin duda.

Massot es mallorquín, cercano a la saga mironiana y exigente indagador de los fondos ignotos del pintor barcelonés —cartas personales, diarios, contratos comerciales y confidencias al azar—, sin que la trama se ajuste, sin embargo, al disciplinado guion que suele delimitar los ámbitos narrativos. El asunto devora al crítico, que se ve obligado al paso de danza que impone la documentación inesperada, magistralmente teñida con la fluidez absorbente que califica el testimonio biográfico, en este caso una historia social de la cultura en los años opacos de la Guerra Fría. El hilo conductor del trabajo de Massot ancla en la información de los archivos familiares, cierto, con atención privilegiada a los pormenores que apuntan los documentos: personajes con las fidelidades, renuncias y disimulos que definen el espeso mundo de arte de la posguerra. Reconstruido, diría, con un peine de púas en el momento de la distensión forzada que provocó la intervención del mercado y los ardides de la pujante industria artística norteamericana, no siempre diáfanos ni desinteresados.

El libro trama una secuencia de itinerarios de lectura, que rehacen la vida laboriosa y clandestina de Miró, para cuajar en una síntesis formal que condensa la quintaesencia de sus signos plásticos: figura e imagen, gesto y expresión, enigma y acertijo ajustados al universo mágico y mítico del pintor. Debemos al prestigioso historiador José Antonio Maravall —temprano hijo díscolo de la Nueva España, combatiente y excombatiente improvisado, director después del Colegio de España en París y cómplice de Carande y Vicens Vives en la reconstrucción de la historiografía peninsular— el diagnóstico felino de los años de conjura posbélica que desconcertaron a Miró en su emboscadura mallorquina. Son los años, escribe el historiador, «en que la noche del franquismo empezaba a levantar y la ilusión del desenlace pactado pretendía entrever esperanzas de cambio». Pero tales esperanzas encubrían una carcoma de falsedades como quizás en ningún otro momento. Las figuras bifrontes de Ridruejo y Santos Torroella hacen visible en Barcelona un equilibrio imposible que resultó efímero.

En la soterrada tirantez de Miró con sus contemporáneos juegan dos factores: el desafío sordo que insinúa el miedo a la delación, sin duda, y la sorpresa ante las confidencias de los fieles corresponsales, que descubren en su obra una desazón artística rica en matices y mestizajes inspirados, al parecer, en la provocación surrealista. La competitividad plástica entre los grandes ídolos ibéricos del momento —Picasso, Miró y Dalí— protagoniza el conflicto larvado entre tradiciones figurativas contrapuestas, del *noucentisme* ejemplar al expresivismo formal, la abstracción, la figuración crítica, el naturalismo mediterráneo y el opresivo silencio con fronteras. Motas que salpican la microhistoria mironiana durante el exilio forzado. La llegada explosiva de *Constel·lacions*, «estrellas, lunas, soles y figuras en una red cósmica de símbolos», demuestra la urdimbre compleja del compromiso creativo del artista, dando entrada a los *cremats* y los objetos polícromos en un arte abiertamente performativo, de beligerante energía, además, como visualiza la caudalosa efervescencia plástica que acompañará a Miró hasta el final. El inclemente Joan Fuster, en *El descrèdit de la realitat*, se trueca en un curioso intérprete de la activa creatividad del momento. La pintura de Miró era neofigurativa, como la de Picasso, dos artistas intrincados «en los que se pueden rastrear pautas de reconciliación con una realidad sensible que entrevén confusa pero sugeridora. La pintura de Miró aporta un implícito repudio de las abstracciones, de la mentalidad de frigorífico y de las ambiciones mesopotámicas de los Estados... En tiempos de revuelta, un arte revuelto».

Es momento de recapitular, ya en el umbral de los sesenta y su deslumbrante amanecer imaginativo, y vuelvo a Fuster: el arte debería acreditar la realidad, pero con la fuerza que desborda esa verdad ilusoria que solo percibe el arte. Un arte, sí, avaro de influencias y provocaciones —del antifranquismo sigiloso al gratificante influjo

cenital de la pintura norteamericana del periodo punzante del artista al cerrar los cincuenta—. El viaje iniciático a
Estados Unidos es, para Miró, una señal esperanzadora:
la conquista del espacio artístico norteamericano —galería y museo—. El MoMA, los pintores de la Costa Este,
la acción interventiva de Pollock, Motherwell, Rothko,
Rauschenberg y el experimentalismo oriental de John
Cage, un arte que es hábilmente estratégico, mercado y
crítica, pero libre en su raíz. Los viajes norteamericanos
fueron siempre un depurativo seguro frente a la tensión
sobreexcitada del país. Como lo será la experiencia estética japonesa, cuya magia de trazo y las texturas sedosas
despertarán en Miró la añoranza por lo mínimo. Extraña
el templado eco del arte omnívoro de Miró entre los his-
panos del Soho, con la excepción de Esteban Vicente,
converso de la abstracción y abrumado por la detonante
fantasía mironiana. La irradiación internacional de la
pintura de Miró en el MoMA más tarde, ya en el momento olímpico barcelonés, representó la consagración
de un clásico universal: sus seguridades formales y la osadía de los colores atrapan la mirada del público en un
juego de belleza fuera del tiempo.

   La puntillosa pesquisa de Massot es ahora una atalaya
privilegiada para aquilatar los plurales mundos del arte
de Miró, pintura, acción, compromiso, en la esquiva
aventura del progreso humano, particularmente en esta
deriva bélica y fatalista que nos atenaza y parece no tener
fin. El arte sonoro de Miró entona una «oda a la alegría»
que intensifica y embellece nuestra vida, amenazada por
la sinrazón.

Giorgio Morandi
El asceta de Grizzana

El tiempo del arte ha sido benigno con la figuración transparente de Giorgio Morandi, de quien la Fundación Mapfre presenta en Madrid una exigente retrospectiva, que anclará al romper el año en La Pedrera de Barcelona. Hace unos años, en el *vernissage* de un celebrado paisajista catalán, coincidí con un anciano farmacéutico boloñés que regentaba la más anciana botica del lugar, de elaborada fachada rugosa. Prendió el interés recíproco y le hablé de mi seducción por la ciudad de las arcadas para, enseguida, detenernos en la pintura de Morandi. Arcana de emoción compartida de quien yo había visitado el atelier de via Fondazza ya desaparecido el maestro. Un «museo de la memoria» sin impertinentes alteraciones posmodernas: el desnudo refugio de un artesano obsesivo donde solo el polvo pegado a los modelos plásticos —botellas, jarras, objetos domésticos— daba cuenta del paso de los días. En los años que pasé en Roma no me atreví a importunar al artista cuando sabía por el amigo Milicua, fiel colaborador de Roberto Longhi, de su abierta disponibilidad. En el fondo, el respeto ritual hacia un legendario pintor de culto en el mundo del arte, a quien definió en 1930 la vestal del Novecento Margherita Sarfatti con inesperada calidad: «artista solitario y pensativo, en sus cuadros se respira un aire de cerrada y dulce melancolía doméstica». Insólita confidencia de la dama de hierro del beligerante neoclasicismo mussoliniano.

Morandi fue un concienzudo pedagogo del grabado en Bolonia toda su vida, que llegó a la pintura tras un diálogo alerta con los maestros de la tradición europea —de Piero della Francesca a Jean Siméon Chardin—, protagonizado siempre por Cézanne. Oculto en el estudio boloñés, con escasas escapadas a Roma, París y Venecia, su vida fue el trabajo silencioso y arduo. Un arte de factura rigurosa, sólida estructura formal y lírica delicadeza de tonos. Una pintura depurada en el tiempo en una sobria desnudez plástica: la simplificación radical de mutuos esquemas compositivos. Tanto *Natura morta* (1942) como *Natura morta* (1953) lo demuestran. Una obra, cierto, de entonación precisa y sonora que a partir de 1939 adquiere densidad y descubre los motivos que vertebran su pesquisa figurativa: botellas estriadas, jarras, fruteros, floreros. Un silente universo cotidiano. Es inevitable profundizar en la constructiva figuración cézanniana para comprender la admiración de Morandi por la segunda vanguardia italiana —el futurismo tardío— que le permite descubrir, ya en los años del retorno al orden, una imagen radical del realismo que define en adelante su arte diáfano. Pintura, sin duda, abierta a la dramatización eficaz de los objetos comunes en clave emotiva.

A lo largo de los años cuarenta, Morandi desmaterializa las formas-color para transmutarlas en estrictos perfiles cromáticos que en la década siguiente retornan como abreviados proyectos florales, quizás un callado homenaje orientado a la admirativa evocación de los jarrones de

Renoir. No soy entusiasta del periodo floral de Morandi, que considero un audaz ejercicio de taller en su poderosa dinámica de intercambios entre luces y sombras. Como ha señalado la crítica reciente, la repetición formal es una constante en el arte maduro del pintor —*Flores* (1942)—, con la salvedad notable, añado, de la diversidad tonal de las obras: simétricos objetos sometidos a una envolvente iluminación radial que los modifica.

Quizás en la entraña del arte magnético de Morandi vive la activa convicción clásica de la pintura como espejo de la naturaleza, pero interpretada a través de la mirada sabia del artista. Resuena renovado el lejano eco de Cézanne, la descomposición de planos y los objetos vistos desde ángulos contrapuestos. El protagonismo de la geometría, en breve, que desafía la percepción lineal en una visión plural de impronta provenzal y la disciplina de un cubismo centrado por el punzón diestro del grabado. Morandi argumenta que el verdadero libro de la naturaleza está escrito con letras ajenas a nuestro alfabeto: «triángulos, cuadrados, círculos y esferas, pirámides y conos se entrecruzan en la geometría». Y siempre la confidencia lúcida: «un arte como el de Poussin, excelso precedente que devuelve la pintura a la pugna sagaz entre pensamiento e imaginación», *cosa mentale* como proyecto iniciático. El imperio de las formas. El resto es interpretación.

Los objetos de arte de Morandi, ahora artísticamente desfigurados, cabe insinuar, vivifican las *Naturalezas* últimas del pintor, convertidas a su vez en aceradas propuestas plásticas: *Naturaleza muerta* (1963). La enseñanza con moraleja —todo está en la historia— de un aventurado artesano del color empeñado en la porfía por

descubrir y describir la inalcanzable naturaleza de las cosas sencillas, tal difícil de digerir por la eterna rapacidad
humana que atraviesa el tiempo. El *Patio de la via Fondazza* (1954), donde Morandi vuelve a pintar, recupera
la luz templada y la paleta versátil del pintor: «Una parte
del lienzo se convierte en pura pintura que añora los tonos tenues pero cambiantes de las casas boloñesas». Nos
devuelve al sereno esplendor cromático de los apuntes
tempranos —*Paisaje* (1928)— y nos admira con el sorprendente diseño de la morada de Grizzana. La casa de la
vida definitiva para el pintor, pensada y trazada con pausa pero obsesivamente por Morandi: un escueto cubo
blanco.

El elaborado despliegue madrileño se acompaña de
un par de decenas de obras contemporáneas seleccionadas al azar, que pretenden rendir pleitesía al arte profun-
do del creador italiano. Un homenaje de artista cuyos
comentarios fío a la discreción del visitante curioso.

Erwin Panofsky
Un sabio alemán

He visitado recientemente en la biblioteca de la Universidad de Basilea una muestra sobre los historiadores del arte alemanes en homenaje a Jakob Burckhardt. Destacaba con luz propia la poderosa invectiva de Erwin Panofsky (Hannover, 1892-Princeton, 1968), el más imaginativo historiador alemán de la cultura y un clarificador de los niveles iconográficos y sus derivaciones iconológicas en la pintura figurativa. Un sistema de análisis que creó Aby Warburg en su legendaria biblioteca de Hamburgo: la cultura entendida como seña identitaria de la Europa ilustrada. Panofsky se formó en Berlín y se doctoró en Friburgo en 1914 con una tesis sobre la teoría del arte de Durero, en la que entrecruza escolástica medieval y cultura clásica en el despertar científico del Renacimiento. Su libro *Idea* es todavía hoy de obligada lectura universitaria.

Discípulo de Riegl, el historiador del arte de mayor agudeza del siglo XIX, fue Warburg, sin embargo, la personalidad que deslumbró con su originalidad al joven graduado, a quien enseguida integró en su equipo: a partir de 1921 empezó a enseñar en Hamburgo y desde 1926 fue profesor ordinario. En 1931 viajó por vez primera a la Universidad de Nueva York, que simultaneó con su actividad investigadora en Hamburgo. Ironías de la historia: en 1933 el nacionalsocialismo alemán tomó el poder y todo el profesorado judío fue obligado a volver a su país, pero Panofsky eligió el exilio, que más tarde denominaría su «expulsión al Paraíso». Trabajó entre Nueva York y Princeton desde 1934 hasta 1962, cuando se jubiló como miembro distinguido del Institute for Advanced Study. Un sabio internacional.

Erwin Panofsky ha pasado a la historia como un deslumbrante especialista en los aspectos metodológicos de la historia del arte, en un tiempo de titanes en la renovación del relato artístico, con Gombrich a la cabeza. Su formación, kantiana más que analítica, le aproximó a Cassirer, filósofo de las formas simbólicas, con quien cerró una frontal oposición al formalismo y la historiografía positivista resaltando la significación del arte para entender los acontecimientos históricos y los contenidos espirituales de una época. *La perspectiva como forma simbólica* fue la obra seminal de Panofsky, en la que argumenta limpiamente que el sistema de representación del espacio renacentista deriva de una elaborada visión del mundo construida por la cultura italiana de su época. Obra que pone en práctica la disección de la arquitectura gótica a la luz del pensamiento escolástico. Una manera de escritura, como observamos, pioneramente interdisciplinar: proponer una historia del arte que evite el arqueologismo y se centre en los testimonios documentales y plásticos que mejor articulen el mayor número de ideas diferenciadas. Para el historiador, las ciencias sociales deben aspirar a crear unas estructuras de espacio y tiempo que Panofsky llama «cosmos natural» y sitúa frente al cosmos cultural. «El contenido de la obra de arte es aquello que la obra revela, pero que no destaca ostentosamente, sino que más bien hay que descubrir entre los motivos que disimulan los detalles, donde "Dios se oculta"», pensaba Warburg.

La interpretación iconológica es así el grado elevado de la interpretación metodológica. Por un lado, describir las figuras, qué nos cuentan las imágenes, la iconografía. Por otro, su contenido latente, qué acumulan las miradas que el tiempo histórico ha depositado sobre ellas. Los distintos elementos que la historia ha ido añadiendo en un proceso complejo que podríamos llamar «cultura visual». El descubrimiento y la apreciación de estos valores es el cometido de la iconología, una categoría analítica que complementa la iconografía rigurosa.

Tomemos un ejemplo diáfano que nos aclarará las ideas, un cuadro de Rembrandt discutido por los historiadores. *El descendimiento de la cruz*, 1633, de la Alte Pinakothek de Múnich, que pone de manifiesto el esfuerzo en la representación veraz de los elementos necesarios para imaginar el momento histórico: el leño de la cruz, anclado en el suelo, empujado hacia atrás por los sepultureros que lo levantan, en diagonal como es el uso barroco. A cierta distancia, un exótico «pachá», según Burckhardt, que observa extrañado la escena. He aquí el asunto iconográfico. El porqué de cada uno de estos gestos y actitudes lo explica el tiempo histórico y constituye el objetivo del análisis iconológico. La cultura heterogénea holandesa, la presión hostil turca, las exigencias del canon bíblico, las preferencias por los «comitentes»: un sinfín de motivos radiales que vertebran argumentos de peso y nos muestran la pluralidad iconológica de una pintura histórica.

Toda obra encubre el valor de las múltiples representaciones precedentes, podríamos adelantar.

La iconología es para Panofsky «una escenografía restrictiva pero ágil», que sustrae la obra del aislamiento y la asocia con otros modos de análisis clarificadores: histórico, sociológico y hermenéutico. La iconología es, felizmente, el resultado de la síntesis y no del análisis. Un procedimiento que, confiesa el historiador, solo somos capaces de describir mediante una expresión largamente desacreditada. La intuición artística, vaya. Solo es posible captar la realidad artística de una obra grande desvinculándose del presente y escrutando el pasado con la mirada crítica del conocedor y la ilusa esperanza de activarlo renacido. De hecho, concluye Panofsky, puede afirmarse que una persona «ha vivido» tantos miles de años como abarca la magnitud de su mirada histórica. La confidencia sabia de un maestro.

Pablo Picasso
Una década sinuosa

El cuarto y último volumen de la fabulosa biografía de Picasso de John Richardson llega póstumo a las librerías, su autor nos dejó en 2019. Culmina así el compromiso del crítico londinense y se incorporan al trabajo nuevas miradas de curtidos colaboradores que intentan suplir la destreza y fidelidad de Marilyn McCully, artífice pionera del proyecto. La edición norteamericana que utilizo —Knopf, Nueva York, noviembre de 2021— justifica el subtítulo feliz *The Minotaur Years: 1933-1943* («Los años del Minotauro: 1933-1943»), una hábil argucia para aunar contrarios: los años amenazadores del caos europeo —contienda civil española, quiebra de la inestable socialdemocracia europea, imperio de los fascismos de uno u otro signo, ocupación de Francia y terrible segunda confrontación mundial—. Pero también los años de actividad febril de Picasso, que define, cuestiona y rehace con vehemencia su originalidad plástica desnudando a la vez al vigoroso devorador de mujeres que airea sin pudor y en trazo grueso el envés de su explosiva personalidad.

El libro se abre con la visita al Château Boisgeloup del fotógrafo húngaro Brassaï, cuando el artista comparte el hervor surrealista de indeleble estela performativa y cerradas complicidades. Marie-Thérèse es amante y musa, y la beligerante revista de Breton —*Minotaure*—, que cultiva incluso la psicohistoria, apuntan un momento de confidencia biográfica en Picasso que marcará a fuego la evolución de su arte. Picasso se disfraza del toro bravo que engulle cuanto admira —amores y tradiciones artísticas— y posee la diabólica prestancia para doblegar influencias y rendir fidelidades. Man Ray, Lee Miller, Paul Éluard y una legión de mudos admiradores pueblan la escena picassiana. El pintor se revela poeta sutil estimulado por la voluble persuasión surrealista, de la que se apropia para escrutar los arcanos secretos del culto mitraico de perdurables raíces mediterráneas preclásicas. El grabado *Minotauromaquia* es el manifiesto astral del momento. Una complejidad suicida en personajes menos recios que Picasso, que se sumerge a ciegas en una aventurada hazaña épica: el *Guernica* y su secuela señalan un indicio inquietante.

La fotógrafa Dora Maar, hermética sombra de una ansiedad perniciosa, se convierte en la compañera intrusiva cuya versatilidad fotográfica asegura la armonía vital y absorbente entre obra y arte en esos años crispados. Sus instantáneas de la génesis del *Guernica* son el detonante de la entregada intensidad que vocean los retratos. El bombardeo de la aldea vasca en 1937 y el pabellón republicano de París definen ahora el arte omnívoro de Picasso, un mago de la imaginación sensible, siempre alerta y dispuesto al asalto de la tradición artística europea del realismo y el gusto extremado, exigente. Un canon de la originalidad formal y el gesto desbordado.

A la guerra fratricida sucede la vertiginosa ocupación

nazi de París, sacudida premonitoria de lo por llegar que revive terribles pesadillas del pintor malagueño: el recuerdo punzante de la indigencia del recién llegado, el horror al confinamiento durante la Gran Guerra, la angustia del indocumentado audaz que sobrevive en una metrópolis peligrosa. La soledad sonora, en suma, entre cuatro coterráneos saturninos huidos de la chabacanería patria. La lucha barojiana por la vida, sí, y acaso la lección menos conocida de Picasso, exquisito fabulador de ese tiempo ingrato.

El relato de Richardson es brillante, como todos los suyos. Entrecruza diestramente historia, anécdota y experiencia viva en una trama sin respiro que puntúa la panorámica de una época en crisis, pero que atrapa en paralelo la vitalidad desbordante de un artista que reniega de narrativas cómodas o especulativas y va al grano en la figuración veraz de una trayectoria sin dobleces ni retóricas de escuela. *The Minotaur Years* cuentan la historia sesgada del surrealismo optimista y los encontronazos entre protagonistas de egolatría consumada: Breton y Éluard, cierto, pero también la atención despierta e interesada de Kahnweiler y los demás galeristas en guardia. Un mundo de pluma y pincel que afina la mirada magnética de la narración. La banda de Picasso, quizás, el círculo mágico de creadores fuera del tiempo que hicieron del arte su quimera y desvarío.

La voracidad del Minotauro ciego domina la *Suite Vollard* de Picasso, quien se desdobla en mundano gourmet en el Náutico donostiarra, la foto es inefable, a la vez que se muestra como el infiel amante que trenza con malicia malentendidos y explosivas duplicidades femeninas: Olga, Marie-Thérèse, Dora y la sorpresa súbita de

Françoise Gilot, afortunada sobreviviente de una saga no siempre feliz. Pasajes y paisajes de bohemia y burguesía, militancia y arrogancia: un sinfín de situaciones que visualizan el apólogo moderno de insinuaciones y escenas fuertes que colman el tiempo desmedido de Picasso. El asombro cerámico de Vallauris se solapa con las bromas ocurrentes de los Penrose en Mougins. Y enseguida la campaña con el *Guernica* en Londres, que tutela Lee Miller. Y otra vez la Riviera con el trasfondo trágico de Madrid en ruinas y París «lejano y amenazador». El hedor sórdido de la guerra y la inseguridad acechante de la delación y la denuncia.

En el fondo y en la forma, la agitación silbante de la vigilia nocturna de Picasso. Evasivas escenas de playa más tensas que bucólicas y enloquecido quehacer diario en una soledad creativa. La seguridad, cierto, de los íntimos no siempre en paz y la conciencia clara de un pacto de honor con su arte que propaga los momentos de plenitud o desazón. Antibes y el *Fauno héroe* (1937). Los ecos desoladores del frente de Teruel. La masacre de Belchite o los bombardeos en Cataluña. Un cielo que invoca el gris, el rojo y el azul como metáfora terrible del diario amanecer del pintor. *Calavera con poesía* es un atroz esquema de 1940, junto a la severa ambivalencia de los apuntes de Dora Maar, *Dora y el Minotauro,* o el fragante perfil de Marie-Thérèse en París del año anterior. A lo lejos el agonizante *Caballo herido* y el enigmático esbozo en color de Lee Miller o *La suplicante.* Un desfile de figuras sin paisaje sobreherido por el destino cruel, envolvente e impenetrable.

La entrega final de la saga picassiana de John Richardson nos deja contra el tiempo un punzante sabor de grandeza y añoranza. El homenaje de un amigo.

Pablo Picasso
Picasso y D. H. Kahnweiler: Imágenes de una amistad

La excelente muestra de homenaje al galerista de Mannheim D. H. Kahnweiler, que rinde en estas fechas el Museu Picasso de Barcelona con la complicidad de su homónimo parisino, es ocasión ajustada para recordar la aventura transgresora de Pablo Picasso en el memorable momento previo a la apertura del espacio barcelonés. La exposición de la Sala Gaspar en Consell de Cent, en 1960, con pinturas legendarias y selección de obras del artista, y el despliegue posterior mediados los sesenta que inaugurará la Colección Sabartés, dibujaron un lugar museístico sin par.

Me cupo la fortuna de rehacer esa exposición, ya en el nuevo milenio, en la *mezzanina* que partía el entresuelo de La Pedrera, que los técnicos ajustaron a la perfección, dado el carácter simbólico del proyecto: obras y montaje evocaban con certera sensibilidad la emoción del momento, con algunas sorpresas inesperadas. La primera, la presencia del fotógrafo de cámara del pintor, el norteamericano David Douglas Duncan, a quien todos hacían desaparecido, que llegó radiante y colaboró con empeño en la celebración. La segunda, el rescate en los archivos de RTVE del vídeo insólito que protagonizó la apertura de la muestra: casi diez minutos de presencia gráfica visualizaban la excelencia del pintor, en pleno franquismo y en prosa rapsódica, con un acopio de imágenes elegidas. Un milagro que conseguimos con una entrega de los profesionales del medio que impresionó a los visitantes. La anunciada conferencia de Kahnweiler en la Sala Gaspar, tramada con habilidad por el omnipresente Masoliver, había resultado en su discurrir una experiencia polémica, vaya, pues se esperaba de él una ferviente apología de la abstracción, entonces en alza. Pero curiosamente el galerista advirtió con gesto severo al público de los peligros de la «desnaturalización» del arte nuevo, solo forma y gesto, que asaltan sin escrúpulos la figuración. Kahnweiler tradujo al francés su original alemán, quizás no demasiado idóneo para la ocasión, que pude recuperar más tarde del archivo de Elvira Farreras.

De 1955, el 10 de noviembre para ser precisos, data el primer contacto de los Gaspares con Picasso, a quien visitaron en Vallauris en compañía de Antoni Clavé y Joan Vidal i Ventosa, pintor, escultor, fotógrafo y viejo amigo de juventud del artista. A partir de 1956 Picasso expuso con regularidad en la Sala Gaspar, y sus amigos barceloneses le reservaron con este propósito el mes de octubre durante los años sucesivos: Picasso había nacido el 25 de este mes. Se presentó en aquella oportunidad una selección de obra gráfica procedente de la Galerie Leiris y en 1957 se exponía una secuencia de dibujo, cerámica y mosaico montada hábilmente sobre unas redes de pescador fantaseadas por el pintor Güell. En 1959 se presentaron los grabados de *La tauromaquia*, en cuidadosa edición de Gustavo Gili. Meses después llegaron los primeros linóleums realizados entre 1956 y 1960, con los temas contundentes que pueblan su universo artístico picassiano.

Sin embargo, la temporada 1960-1961 fue el momento de la apoteosis barcelonesa de Picasso y señaló el punto de inflexión de su recuperación pública peninsular, que iba a culminar con la generosa donación de Jaume Sabartés y la creación del Museu Picasso. Intriga y pasión calladas que casi por ensalmo se hicieron realidad apenas unos años después y en las que representó un papel esencial el vivo entusiasmo público motivado por la muestra de la Sala Gaspar, cuyas colas son todavía recordadas. Sin duda, un hito en la escena artística barcelonesa y un ejemplo de provocación en el tenso panorama cultural y político de aquellos años grises.

En la Sala Gaspar, entre noviembre y enero, se podía ver a la vez una selección de cerámica picassiana y una extraordinaria secuencia de pinturas: treinta obras seleccionadas personalmente por Picasso, que por una vez y de manera sorprendente, como he dicho, se convertía en el comisario de su propia obra. Solo se conoce un precedente de intervención directa del artista, en 1932, cuando en la primera retrospectiva de su obra se presentó el pintor en París en la Galerie Georges Petit y colgó cuidadosamente las obras expuestas. «Quiero que los catalanes conozcan de primera mano lo que hago», confesó Picasso a los coleccionistas barceloneses de entonces. Me contaba Joan Gaspar que Jacqueline, siempre dispuesta a la tutela de Picasso, quiso intervenir en el despliegue definitivo de las obras, pero el maestro zanjó el intento sin contemplaciones: «Deja hacer a los Gaspares, que saben muy bien lo que buscan».

Resultó un acontecimiento civil que desbordó todas las expectativas y desconcertó a las autoridades franquistas: incluso se amonestó a la prensa para amortiguar en la medida de lo posible los ecos públicos de la exposición. Con todo, figuras y figurones de la Dictadura, un par de ministros incluidos, hicieron ostentoso acto de presencia: las fotos cantan. La Sala Gaspar tuvo que transigir con dos guardias municipales en uniforme de gala que vigilaban la entrada. El catálogo y los tres carteles con dibujos para la ocasión son todavía motivos icónicos para los coleccionistas.

La exposición de Consell de Cent marcó así una línea roja en la recuperación de Picasso. *Retrato cubista*, de 1917; una serie perfecta de bodegones de los treinta, que cerraba el premonitorio *Bodegón con cráneo, puerros y jarra*, de 1945, y *Arlés, corrida en día de sol*, de 1960, vertebraban la exposición, complementada en abril del año siguiente, 1961, con otra excepcional selección de dibujos de Picasso introducida por José Bergamín con los primeros aguatintas de la serie *Picadores* del año anterior. Fue un acontecimiento con numerosa presencia en la calle, cosa sorprendente en una sala privada. Algo apoteósico. Picasso estaba satisfecho al saber que su obra era reconocida aquí. Al final, en 1963, llegó la grata sorpresa del museo barcelonés. «*Le plus vivant des musées Picasso*», en palabras de Pierre Daix. Kahnweiler pudo respirar tranquilo: la conjura con Picasso había vencido.

Albert Ràfols-Casamada
Instantes de color

I

Los ciclos del arte son a todas luces versátiles. En tiempos de mayor bonanza comercial, cuando la especulación apenas apuntaba el techo de la prudencia, la fama de un artista la hacía y medía el tiempo a partir de la secuencia de exposiciones que marcaban la evolución plástica de sus obras en proyecto. Los tiempos han cambiado de raíz y hoy la nombradía pública del creador se consigue por ensalmo más que palmo a palmo, según la añeja conseja castellana. La obra plástica del excepcional artista barcelonés Albert Ràfols-Casamada ha seguido el proceso diría nada lineal señalado por los tiempos de arte que le tocó vivir, con escasa condescendencia —si alguna— con el espíritu de época y al son que le correspondía actuar o, más atrevido, danzar. Un artista silencioso y trabajador sin pausa, en solidaria complicidad con la época convulsa que colorea su tiempo: la contienda incivil y los años negros de la represión. Después, el agónico declive de la Dictadura y la crispada pausa de espera que concluyó con el respiro transicional que dio entrada a medio siglo democrático, inesperado y feraz. Por último, al menos para su generación, una respetada presencia pública y el callado imperativo del trabajo bien hecho. Ràfols-Casamada fue un catalán de convicciones fuertes para quien la pintura y la cultura visual y escrita —poeta notable— colmaron su vida entera. Debo confesar que lo he frecuentado con agrado y que he escrito con asiduidad sobre sus perplejidades figurativas y formales. Un hombre dubitativo que aquilataba certezas familiares y generacionales —era hijo de un acreditado pintor y alumno aventajado de la escuela francesa de Barcelona en los años vigilados de la cerrada noche en vela.

Formado en el dibujo y el rigor de la Escuela de Arquitectura, siempre destacó en matemáticas, pero pronto se decantó por la figuración esencial, paisaje y retrato en este orden, hasta descubrir la experimentación urgido por su destreza técnica y su imparable curiosidad. Una ruta exigida a la zaga de un arte pensado, afín a su temperamento reflexivo. Esta recta sin quiebras lo acompañó hasta el final. Tuve la fortuna de orientar la brillante itinerancia que cerró el tiempo de arte de Ràfols-Casamada, un esquema abierto y complejo de exposiciones tricontinentales que se abrió en Roma y concluyó en Nueva York tras casi dos años de gratificantes actividades expositivas. En Park Avenue, a cuatro calles del MoMA, pudo medir su arte con la magnética abstracción neoyorquina, de influencia decisiva en el despegue informal del artista. Como sucedió en Guadalajara y México, en terso diálogo con la antigua tradición colonial de intercambios y prestaciones. Un deslumbrante despliegue de figuras y momentos en los que forma y relato se entrelazan en una compacta deriva de imagen y significado.

Los resultados fueron entusiastas: un truque arriesgado de perplejidades que afilaban la crítica. Del tibio realismo epocal —años cincuenta— al despertar efervescente de la Barcelona preolímpica como aclamada capital de un tiempo nuevo. Poesía visual, improvisadas performances, compromiso solidario y siempre la vieja querencia pictórica que cuajará en la serena abstracción cromática última. Un arte de concreción tonal y depurada paleta formal que a partir de la década de los sesenta se depura en la exuberante efervescencia gráfica y plástica.

La actual muestra madrileña —en el admirado espacio de Fernández-Braso, siempre amigo y en ocasiones arriesgado cómplice— es, a mi entender, la mejor síntesis de la limpia escala creativa de Ràfols-Casamada. Las luces, cenitales o indirectas, matizan y hacen expresiva la plenitud colorista, en tanto la composición se extrema en la fiable trama ortogonal que la experiencia pictórica rectifica a través de un alud de influencias siempre alerta: de la temprana abstracción hispana a la figuración crítica militante de «crónica de la realidad», con punzantes ejemplos de originalidad constructiva mediados por la vanguardia local y admirativos con la escena internacional.

La coincidencia feliz de una sensibilidad siempre en guardia y la atención despierta al denso aluvión de posibilidades expresivas, ya tardomoderna, no han menguado jamás las exigencias figurativas del artista, para quien el logro de la «obra bien hecha» respeta la vieja advertencia dorsiana que había impregnado su juventud vibrante. Las variables estilísticas se han sucedido —y basta con analizar con detenimiento los sensibles correctivos formales de los últimos años—, pero la fidelidad a la verosimilitud plástica que hace inteligible su obra ha sido el cerco de aire que disuelve equívocos y disipa dualidades, pero perpetúa la tensa urdimbre de la obra de arte, su verdad: un arte inmenso e intenso de potentes motivos sensibles —color, línea, estructura y composición—. Las obras de Ràfols-Casamada son todavía hoy, frente a la ineludible erosión del tiempo, el ejemplo elegante y acabado de pervivencia de la tradición europea del esfuerzo, de la callada actividad diaria. Imaginativo y certero dibujante, diestro grabador de punzón certero y colorista sin titubeos que no desdeña el cartel ni menosprecia el trabajo directo y árido de la publicística.

    ¿Qué no puede decir en cuatro colores?, urgía Virginia Woolf a un puntilloso Roger Fry en el momento mágico del Bloomsbury londinense. La sutil llamada de la magistral narradora británica es acaso el elogio más ajustado para la trayectoria impecable del arte plural de Albert Ràfols-Casamada. Sus obras son como el gozoso despertar de un nuevo día prometedor: formas y colores del pensamiento febril de un creador que fía a la imaginación el despliegue cegador de un mundo de impresiones sensibles.

II

La pintura de Ràfols-Casamada arranca hoy de un supuesto diáfano: es una naturaleza artificial y, tal vez, exagerando las cosas, podría afirmarse que es el más terrible contrincante del mundo natural. El artista no reproduce, ni copia, ni siquiera se inspira en el mundo natural, sino que se sustrae más bien, escamotea o construye, como gozoso *artifex*, una segunda naturaleza plástica que con-

trola y domina a voluntad. En consecuencia, y por decirlo con palabras precisas, al sistema historizado de la forma se impone la forma misma como un desafío abierto a
la imaginación tanto del creador como del espectador
ocasional.

La separación nítida entre proyecto y ejecución, entre
tentativa y obra acabada se ha visto sustituida en la actualidad por una fuerte tensión entre lo previsorio y lo com-
pleto que actúa en interrelación necesaria. El momento
de la visión previa se va rectificando paulatinamente a
través de la obra, pero según el equilibrio de reciprocida-
des que exige la representación simbólica. En esa geometría descriptiva de las formas anida la razón última de su
verdad plástica. Sin embargo, ni la creatividad emerge
aislada ni tampoco la obra acabada puede resultar del
todo ajena a la vida del hombre y convertirse, sin más, en
un libre juego de habilidades perceptivas. Para llegar a
ser arte genuino, la pintura ha de comprometer el universo entero del artista: su personalidad se convierte así
en el nexo ineludible entre el hombre y el universo per-
ceptivo.

Desde los tiempos de suave pero radical distanciamiento del informalismo, Ràfols-Casamada ha pugnado
por un espacialismo pictórico cada vez más denso y depurado que solo de manera tangencial remite al gestualismo
y a las estéticas neoexpresionistas, y ello siempre a contra-
pelo de la moda. Ràfols hizo suyo, y aquí cabe situar el
fundamento del riquísimo imaginario visual que tiñe la
última década, el neoplasticismo a la manera de Mondrian
y, desde entonces, ha comprendido la obra de arte como
un equilibrio difícil entre forma y color que se expresa
como una unidad en la superficie rectangular del cuadro.

El artista debe hacer verificables y aprehensibles las claves de sus propuestas visuales, o en cualquier caso precisar cuál es el estrato psicológico del observador sobre el que las imágenes nuevas pretenden incidir. Quizás la mejor explicación la encontremos curiosamente en Mondrian, elocuente y concisa, en una carta a Sweeney de mayo de 1924: «Sabe usted que la intención del cubismo ha sido "expresar" los volúmenes. El espacio tridimensional —esto es, el espacio natural— quedaba así preservado. Por consiguiente, el cubismo ha permanecido *au fond* dentro de los límites del naturalismo, ha quedado solo en una abstracción en lugar de ser "abstracto"».

Para Ràfols-Casamada, también el sistema representativo constituye un medio universal de comunicación y es además el mejor instrumento expresivo propio. Su arte es una secuencia de sustracciones y reconstrucciones espaciales de resuelta voluntad antivolumétrica, obstinadas en la búsqueda de la «pureza» formal como contenido nuclear de la obra. Esta pureza se traduce en el equilibrio cromático que limita al extremo la dimensión material. Es espacio se transfigura en un haz de planos o acaba disgregándose en una nueva línea que a su vez se entrecruza con otras para formar un nuevo plano coloreado con las gradaciones complementarias adecuadas. Conteniendo siempre el gesto expresionista, sin embargo, Ràfols recurre en ocasiones al goteo o al raspado para «alterar» la aparente planitud de sus superficies y conseguir de este modo ese eficaz impacto lírico subrayado tan a menudo por la crítica. El protagonismo lumínico tan evidente en sus últimas composiciones permite aventurar, con todo, una renovada profundización más creativa y

formal del legado neoplasticista desde sus propios supuestos estéticos. La complejidad de la naturaleza y la
naturaleza artificial de nuestros mundos de arte quedan
reducidos en su pintura a expresiones plásticas de relaciones bien definidas por una poética espacial de resultados muy eficaces.

III

Sin embargo —y es apreciación decisiva—, el sentido de
la pintura última de Ràfols-Casamada no se agota ni mucho menos en la transposición automática de unos estados anímicos o de las profundas obsesiones creativas que
impregnan sus formas. La pintura de Ràfols nos propone
lúcidamente un arte que controla el azar. Y crear una
obra nueva constituye, así, un desafío, un problema a
partir de las leyes de unos signos en los que convergen la
tensión gestual, la urgencia técnica y la fuerza misma de
la materia pictórica. Estadios que determinan el «drama»
de la obra, sin duda. La operación creativa se sitúa pues
en la encrucijada entre lo espontáneo y el control racio-
nal, y se resuelve en un súbito y, en el caso de Ràfols,
brillantísimo despliegue de sensaciones visuales inmedia-
tas. Hablar de Miró, por ejemplo, y de toda su versatilidad sígnica y simbólica como una de las influencias más
estables en la obra última de Ràfols me parece apropiado.
Los grises, sienas, la gradación más oscura de tonalidades
e incluso la condensación cremosa de los pigmentos nos
inducen a pensar en una reflexión severa por parte del
artista sobre las raíces del informalismo y la problemática
conceptual de la abstracción contemporánea. Ocres y

azules sesgados por construcciones limitadas en negro, de remotas reminiscencias geométricas, alejan esta nueva obra de periodos aparentemente más serenos donde el protagonismo del blanco transmitía con placidez unas bellísimas sensaciones cromáticas. El espacio y la luz, o la saturación que gradúa los propios efectos lumínicos en ese nuevo espacio fantaseado —la obra—, se convierten en los protagonistas que ordenarán en la superficie neutra de la tela, las tensiones plásticas y visuales que las formas estéticas por sí mismas sean capaces de generar. Sobre estos supuestos se establece el diálogo visual con el espectador, cierto.

La serenidad del proyecto imaginativo de Ràfols-Casamada denota una elegante madurez y el dominio depurado y sabio, ajeno a cualquier estridencia de método o programa, del oficio de pintar. Esta obra que ahora contemplamos constituye un eslabón fuerte, no lineal pero sí intensivo, en su ya dilatado y admirable proceso pictórico.

Quizás Albert Ràfols-Casamada estaría dispuesto a hacer suyas aquellas palabras del poeta inglés Charles Lamb: «También yo pertenezco a la categoría de personas dotadas de una inteligencia imperfecta: les basta con el fragmento, con el sencillo detalle de una verdad». Albert pertenece sin discusión a estas dinastías de visionarios del color: un formalista intuitivo, me atrevería a decir.

Josep Renau
En vivo

La presentación en el IVAM de un par de cientos de obras del excepcional fotomontaje valenciano tiene algo de rehabilitación, y quizás exige el acercamiento crítico en el momento perplejo que vivimos. Cuando menos por el cuidado montaje que limpia su arte de impertinentes calificaciones historicistas. Josep Renau fue siempre un artista recio y de convicciones férreas, que no se mordía la lengua incluso en las situaciones crispadas. Su dilatada militancia comunista lo demuestra con creces, cierto. Pero hay muchas maneras de contar el arte, acaso todas válidas sin apurar las reglas del juego visual. Algunas apuntan sencillamente a enunciar lo que vemos en el espacio plástico. Otras intentan comprender la trama desnuda de las formas, pero acentuando su significado en el drama narrativo visualizado. Algo más que el recuento de datos sensibles. El relato se convierte así en memoria, en un saber de imágenes y gestos con acento agudo.

Renau, educado entre artistas, poseía una envidiable destreza técnica volcada a la experimentación y la aventura artística. Artífice entusiasta de la transgresión vanguardista valenciana prebélica de Acció d'Art y la Sala Blava, que le descubrió la negada cultura beligerante de la izquierda ahogada por el sorollismo decorativo, una alternativa radical en el punzante proceso educativo del artista a través de un tiempo de ismos: *art déco*, surrealismo y la abstracción narrativa, hasta quedar fascinado por el hilo rojo del fotomontaje —documento y audaz propuesta guerrera a la par, tan afín a la originalidad tipográfica del artista—. Los carteles comerciales tempranos, de tema local si se quiere y de entreguerras, son trabajos logrados y fronterizos, al igual que las felices sobrecubiertas gráficas de los autores de Prometeo —la editorial tutelada por el omnívoro Blasco Ibáñez— son modelos de versatilidad artística y claridad expresiva.

Un trabajo de la forma que percibe en la confrontación política y el activismo de la década de los treinta la disyuntiva ajustada al etéreo arte por el arte que domina las estéticas del formalismo visibilista. Propone, así, un arte que cuente historias en acciones detonantes. Renau apuesta resuelto por el arte de tendencia sobreexcitado por un expresionismo quizás agresivo. Un arte que asimila las tecnologías emergentes y aspira a amolar la sensibilidad de la esperanzada pedagogía del Frente Popular: la gráfica, el cartel, la escena y la pantalla. Reivindica, pues, el arte de taller, contra las corrientes especulativas y emotivistas de la vanguardia idealista. Es el tiempo de la Bauhaus y de un arte colectivo de aspiraciones y proyectos arriesgados. La búsqueda de una figuración de contenidos que eduque la mirada llegado el momento de la acción liberadora que promete el programa educativo republicano y que llevó a Renau al Museo del Prado, ya en los años de la barbarie civil.

Que la exposición valenciana se centre ahora en los exilios del mítico artista es un síntoma de revitalización imaginativa y responde a la necesidad de optimizar las colecciones públicas a la búsqueda de opciones más valientes. El salto a México, la derrota del 39, el descubrimiento del épico muralismo de Orozco señalan una vuelta a las raíces de la expresividad diríamos étnica, ajena al aséptico canon centroeuropeo. Más tarde el confinamiento en la gris ilusión trucada de la República Democrática Alemana, gratificante al fin, pues le dio presencia, alumnos y seguidores, aunque emulara cierto dogmatismo de modelo soviético en el territorio crispado de la Guerra Fría. Renau se transformó en un símbolo de resistencia al que acompañarán de por vida su incombustible laboriosidad y entusiasmo. Los fotomontajes sarcásticos para *Eulenspiegel* lo aseguran, ya en los setenta, cuando se avizoran las posibilidades del retorno a Valencia.

Lo visité en un momento incómodo en Berlín y su vida eran los talleres y la conciencia del despertar artístico de Valencia, con equipos artísticos emergentes —Crónica y Estampa Popular, entre ellos—, que fundían la mejor tradición gráfica de una figuración artística despiadada. En definitiva, la fidelidad de un utopista. Unos años decisivos según reitera la crónica del momento. Sin duda el descubrimiento del frente berlinés del fotomontaje, con un Heartfield alejado del contagioso dadá, la nueva visión constructivista en alza y el impulso virtual de las estéticas cinematográficas soviéticas tuvieron su presencia visible en la eclosión creativa de Renau: la barroca concreción de sus construcciones gráficas, la sutil geometría cromática y la imaginería heterodoxa y provocadora —*The American Way of Life* en el ejemplo óptimo— hicieron del artista un clásico y justifica la fiebre didáctica de sus últimas intervenciones en Valencia, entre viejos

cómplices de la FUE y entregados oyentes universitarios.
Renau actuaba como un mediterráneo atópico, de expresividad locuaz, que vivificaba con su actividad febril los
desencuentros de la anómala Transición democrática.

Recupero para el lector una anécdota ocurrente: en
alguno de los habituales encuentros intelectuales que
caldearon el salto democrático —siempre a medio camino del *aplec* reivindicativo y la verbena estival— volvía
Renau de Madrid, donde había inaugurado una sonada
antología de su obra, cuando se vivían todavía los ecos de
la polemizada Biennale del 76. El artista nos la refería
chispeante a Castellet y a un servidor, con la presencia
muda del poeta Lluís Guarner. Le habían presentado al
duque consorte de Alba —*olim* padre Aguirre— y le había espetado sin pensarlo dos veces: «Conocí al viejo duque y le recuerdo que cuando la Junta del Patrimonio
confiscó el palacio de Liria descubrió en el "vestidor de
su padre" noventa pares de zapatos nada menos». Lo había repetido con convincente vehemencia sin atender a
los codazos disimulados de los presentes, un punto confundidos. Así era Renau en vivo, durante su vivencia diaria valenciana, inexplicablemente efímera, pues enseguida volvía a Berlín, donde murió pronto.

Las obras de arte grande, insistía yo, pedantemente,
crean un mundo propio, pero a su vez diría mágicamente
son parte esencial del mundo de los hombres, nos deslumbran con su esplendor sensible y nos ayudan a sobrevivir en un tiempo de grises y sequedad. Esta cautela irritaba a Renau, siempre un optimista y sabio, un artista
intenso y fulminante, como la festiva pirotecnia de su
cultura nativa, tal vez.

Juan de Ribera, el Patriarca
Un hombre del Renacimiento

El linaje es antiguo: Juan Enríquez de los Pinedos, Sevilla, 1532, hijo de Pedro Enríquez Afán de Ribera y Portocarrero, marqués de Tarifa, duque de Alcalá, virrey de Cataluña y de Nápoles, y de Teresa de los Pinelos, de una poderosa saga comercial sevillana. Perdió a su madre y pasó a residir con el padre en la legendaria Casa de Pilatos, donde recibió formación primera. En 1544 fue enviado a la Universidad de Salamanca para estudiar Teología con maestros notables como Domingo de Soto y Melchor Cano, frecuentó a Juan de Ávila y Pedro de Alcántara, entre otros jesuitas y dominicos difusores de la reforma tridentina. Ensimismado en la lectura, se adiestró en las obras de Erasmo, la patrología sacra y las selectas ediciones incunables de la Biblia.

Tras un brillante ejercicio pastoral, en 1562 fue nombrado obispo de Badajoz mediante presentación de Felipe II. Aquí puso en práctica una eficaz labor evangélica, con sonadas misiones populares junto a extraordinarios catequistas como Juan de Ávila, y dedicó además las rentas del obispado a la caridad. Aun así, un inquisidor diligente lo señaló cercano a los alumbrados, secta heterodoxa, pero salió absuelto. Su relación epistolar con Luis de Granada, Ignacio de Loyola, Francisco de Borja y Teresa de Jesús le granjearon la complicidad de los Borromeo milaneses, que le desvelaron la urdimbre doctrinal tridentina y la función moral de la didáctica de las imágenes, del arte vivo en la educación del «caballero cristiano».

En 1568 quedó vacante la mitra de Valencia y el rey lo propuso por sus credenciales insólitas. Su juventud y la sorprendente evangelización de los moriscos lo elevaron al patriarcado de Antioquía, convertido ya en «lumbrera de España» y ejemplo para la cristiandad, con un primer propósito: la reforma de la universidad auspiciada por una omnipotente monarquía. Afrontó, así, la tarea quimérica de remoción de excesos y malas prácticas, que le crearon notoria impopularidad debido a la supresión de las cátedras de «ineptitud». La feliz intervención del Rey Prudente atemperó los ánimos y matizó la impulsiva aventura pastoral, dada la penosa situación de la diócesis, que llevó a la enérgica depuración del clero y culminó en la creación del Real Colegio Seminario del Corpus Christi, de sobria y ejemplar arquitectura tridentina.

En 1602, Felipe III nombró por ensalmo al prelado virrey y capitán general de Valencia, y persiguió con guante de hierro el bandidaje y la corrupción administrativa afilando la justicia. Con los moriscos, mano de obra barata, el asunto resultó complejo y los esfuerzos evangelizadores fracasaron: «Los moros, no moriscos, son además enemigos acérrimos», lamentaba Juan de Ribera. La intervención del Consejo de Estado a sus espaldas hundió la economía agraria valenciana, para beneficio sigiloso del rearme centralista del valido Lerma. La expulsión de los moriscos fue, en resumidas cuentas, una empresa de dudosa eficacia. Juan de Ribera murió entre el respeto de todos de una afección pulmonar, «catarro al pecho», en el Real Colegio del Corpus Christi en 1611. Beatificado en 1796, fue canonizado por Juan XXIII en el verano de 1960, ya anteayer.

Pero sobresale otro compromiso esencial de la personalidad del Patriarca. Fue un celoso coleccionista de arte y para él trabajaron artistas de talla, según veremos. La selección admirable de adquisiciones artísticas convirtió las colecciones del prelado en uno de los espacios de arte renacentista más significados y orientó en buena medida la pintura valenciana del Siglo de Oro, junto con una biblioteca sin par enriquecida por las correcciones manuscritas que singularizan las Biblias políglotas: las fuentes de la patrística, la teología tridentina y la cronología del despertar científico serán los puntos de inflexión de una cultura humanística que iba a dar nueva forma al mundo. Admirador inconfeso del papa Borgia por la mirada cosmopolita de una indagación sin prejuicios de los «misterios de la naturaleza y la vida sensible». La colección artística del prelado denota la refinada sabiduría plástica que requiere una sensibilidad personal. La música del cardenal Vistell, la polifonía de Palestrina y el magisterio del valenciano Comes demuestran una plural ansiedad artística enfrentada siempre a «la iconoclastia luterana». El arte como un modelo de virtudes y aptitudes públicas. La Pasión de Cristo y la devoción moderna son ejemplos claros para la formación del hombre del Renacimiento que perseguía Juan de Ribera.

El programa iconológico visualizado en las pinturas del templo valenciano se afirma entre tradición y destreza y muestra a la crítica contemporánea un auténtico museo de maravillas. Nicolás Borrás, Juan de Juanes, Francisco Ribalta, Fernando de Yáñez, Luis de Morales —el *Nazareno* es soberbio—, el flamenco Jan Gossaert (Mabuse) y un *Descendimiento* soberano de Van der Weyden sobre tabla. Y entramos en las joyas de la colección: la *Crucifixión de san Pedro*, del taller de Caravaggio, es obra óptima sobre el tiempo. El *Ecce homo* de Ribera y la secuencia de pinturas del Greco —*Adoración de los pastores*, *Alegoría de la Orden de los Camaldulenses* y *San Francisco y fray León meditando sobre la muerte*— y *Retrato de Margarita Agulló* de Francisco Ribalta son algunas de las obras mayores. Añada el lector los suntuosos tapices flamencos y los frescos del boloñés Matarana que ennoblecen las capillas.

El manuscrito *De Tristitia Christi*, de Tomás Moro, es también piedra angular. Redactado en la Torre de Londres y desparecido tras su martirio, llegó a las manos del Patriarca, que lo convirtió en devoción personal. Son numerosos los peregrinos británicos, lores incluidos, que solicitan admirar el venerable testimonio.

Paul Signac
El coleccionista de matices

Un inesperado vuelo temprano me deja en Orly, y son apenas las nueve de la mañana. A las diez justas, espero pacientemente en la entrada del Musée d'Orsay entre visitantes ansiosos por descubrir los secretos de Paul Signac, de quien se presenta una faceta apenas conocida: el coleccionista. Signac fue un pintor impresionista de culto, en efecto, y quizás el más sensible teórico del puntillismo —la descomposición de los tonos sobre la tela en minúsculos puntos de color le obsesionaba—, que rehízo con resuelta invectiva el legado de Seurat en el momento neoimpresionista.

Un pintor más citado que visto, acaso por su independencia financiera, era hijo de la burguesía comercial en alza, y de un carácter sorprendentemente afable y privado, pero de una pactada dualidad familiar. De aquí la sorpresa al recorrer la colección de obras certeras reunidas a lo largo de una vida veloz, pieza clave para entender la dinámica de relaciones e intercambios figurativos que protagonizó en el cenit del impresionismo, cuando se imponía la disección científica de una visión plástica embebida en una aventura cromática en cambio. Esta transformación que llamamos «postimpresionismo» fue argumentada con agudeza por el artista en su incisivo ensayo sobre Delacroix en 1899, en quien veía el maestro del color de la generación posromántica. Signac intuía en el puntillismo una genuina escuela de la mirada a la zaga de las tentativas ópticas del físico Chevreul, una ruta audaz hacia la abstracción y la armonía tonal.

La pintura de Signac entrevé lúcidamente la abstracción y profundiza en la pintura «pura», que recurría al color como elemento común en la expresión sensible. Los criterios del riguroso coleccionismo contemporáneo de Signac insisten en las raíces de sus convicciones artísticas, al margen de la hábil estrategia comercial entre marchantes y galeristas. *La Seine à Asnières* es acaso el ejemplo diáfano de sus apreciaciones: «Cielo de oro pulido reflejado en el agua en infinitos centelleos de vibración sabia en rojos y grises de humo». Al igual que la «sintonía en azul» que percibimos en *Les Modistes*, papel pintado y vestido que clarean en azul los negros cabellos y apuntan diestros acordes constructivos. Ya entonces, la figura de Signac era poderosa, menguaba el siglo y se adivinaba la vanguardia parisina.

Signac indagaba seriamente la huella de Delacroix en el manifiesto intransferible de 1899 citado, donde articula los matices de su colección: las posibilidades del impresionismo hecho moda y su lugar en la evolución en la pintura de su tiempo. Marina Ferretti destaca en el catálogo de la muestra dos modelos indiciarios: un primer Cézanne magistral, *La vallée de l'Oise*, que procede del visionario Père Tanguy y traza una línea indeleble que aúna Pissarro con Degas, en la que Van Gogh —*Deux harengs*— constituye un contrapunto de rebeldía necesaria. En 1925, en plena madurez, Signac confía a Félix Fénéon: «Espero que pinten mi comedor en amarillo cromo para colgar allí cinco Cross exultantes», que los apuntes puntillistas de Angrand son auténticos «poemas de luz». Seguirán Matisse, una eterna devoción cercana, Van Dongen y *Le Cirque* de Seurat, a tenor de la solvencia, que suman doscientas pinturas recias distribuidas entre el apartamento de Auteuil, el Castel Béranger y la villa La Hune en Saint-Tropez. Un itinerario artístico exigente y depurado que complementa Cézanne con un desbordante paisaje, *La plaine de Saint-Ouen*, quizás la síntesis perfecta de una alerta orografía visual.

Signac no eludía las prácticas heterodoxas para incrementar su colección, cambiando e intercambiando piezas únicas —incapaz de conseguir un Manet de excepción, bautiza su yate Olympia, para resarcirse más tarde con *Pommiers en fleurs* de Monet, el prontuario de un puntillismo sereno, pienso—. Empobrecido por la guerra, no participa en la subasta de Degas de 1918, pero consigue una espléndida selección de grafitos del artista y trueca un Cézanne por dos acuarelas de Jongkind, de quien sería entusiasta. En fin, lo sabido selecto: Delacroix, Sickert, Matisse, Félix Vallotton, Monet y Manet son puntos fuertes de su avidez artística, como la colección exquisita de estampas japonesas que reunió al final de su trayectoria. El artista adquiría las obras que excitaban su sensibilidad desbordada, pues rechazaba con energía la facilidad y la improvisación formal. Un gustador del arte de tiempos lentos. La crítica anota que la puritana selección de calidades está en el origen de sus exigencias, que sitúa en la raíz de cierto hermetismo acaso cristiano, pero antirromano.

Presidente del Salon des Indépendants, Signac mostrará el cubismo ya en 1911, pero sin abandonar jamás sus fijaciones decimonónicas de voluntarioso y disciplinado autodidacta que defendía sus gustos con fiereza, siempre convencido de la liberación cromática sin norma que define el arte grande. Admirador sin titubeos de Matisse y el arranque beligerante de los *fauves*, denunciará con el tiempo «el placer para los ricos» que envilece el mercado artístico en alza. *Chanteuse au gant* es una obra maestra de Degas que visualiza, más allá del tiempo, en opinión de Signac, compartidas querencias artísticas, como quizás los arriesgados dibujos al lápiz graso de Delacroix —*Marfisa*—, que el coleccionista privilegió siempre, junto a la elegía visual desbordante *Le Chahut* de Seurat, deliciosamente puntillista y atrevidamente temporal del momento que cerraría *Le Cirque* en 1891. Charlotte Hellman, ultima nieta del artista, confiesa sorprendida en el catálogo: «Aprendió solo a pintar, admirando las pinturas de Cézanne que poseía». La audacia intrépida de un principiante.

Antoni Vila Casas
Un hombre de gusto

La novelista británica Iris Murdoch sugiere que sin la memoria el pasado es sencillamente pasado. Una llamada de atención al valor de la historia frente al extraño cambio de los tiempos. La amenaza de la pandemia que arrasa sin distingos y la secuela de desajustes económicos, sociopolíticos y culturales que entrevemos sirven de banco de prueba. Frente a tan agoreros presagios, un grupo de amigos de Barcelona ha propuesto rendir homenaje a una feliz iniciativa: la Fundació Vila Casas y su artífice. Antoni Vila Casas es un ciudadano barcelonés de *seny* y mecenas notable del mundo del arte. Ha sido un ejemplo pionero para la industria farmacéutica —investigación y exigencia comercial— que ha sabido cambiar de registro mediante una sabia estrategia financiera y reconducir sus energías hacia la expansión y consolidación del coleccionismo artístico y la inversión museística selectiva. El protagonista de la empresa entra en estos días con pie seguro en su novena década y la aventura cuenta cuatro lustros estelares. Una lección.

La Fundació, una abierta colección de arte y artistas catalanes, se ha ordenado en cuatro centros activos del país legitimados por su historia, adquiridos y habilitados para esta nueva función. Obras entretejidas en el relato visual que asegura un programa expositivo de alcance por la versatilidad de escuelas, géneros y tendencias artísticas. Un recuento intencional, cierto, que con el riesgo conlleva la sorpresa. Los artistas y sus obras puntúan un laberinto de asociaciones plásticas enriquecedor e inesperado, cuyos elegantes catálogos traslucen la clave maestra del proyecto: trazar un referente trabajado y flexible de una idea original e imaginativa de cultura patria.

Es conocida la convicción del coleccionista en la consideración de aquellos artistas que quedaron, por azar o circunstancia, fuera de los espacios representativos e institucionales, pero cuya obra ha ido ganando en significación y presencia con los años. Quizás el nudo de proyectos más activo en el programa primero de la Fundació. Propuesta atrevida ahora y siempre, dados los mimbres quebradizos que la vertebran: un mercado artístico movedizo e imprevisible y la confianza vigilante de un público fiel pero a menudo veleidoso. El momento del arte frente al mundo del hombre. Difícil enigma.

Debo adelantar que solo puedo hablar de Vila Casas y sus empeños desde la amistad y la experiencia singular como comisario de alguna de las muestras presentadas en las salas —a destacar los dibujos y esculturas de Julio González—. Una tarea cómplice, en efecto, que nos ha llevado a una cordial empatía de gestos que celebra la condición humanista y trascendente del arte, que no solo intensifica la vida, sino que nos empuja a compartirla a partir de la fruición de la obra plástica, la trama perdurable e intemporal de las formas sensibles. Nuestros encuentros mensuales son un homenaje a la amistad con las discrepancias que tocan, con los únicos límites de la deferencia y el respeto mutuos, la voz queda. Un diálogo sin trabas mediado por la ironía y la disponibilidad. Para mí un ejemplo de civilizada convivencia que nos permite divagar acerca de casi todo, para hablar de una manera antigua pero de punzante veracidad contra el tiempo. El resultado es reconfortante. La figura del amigo alerta el matiz y la entonación radical pero siempre templada de mi argumentación.

Antoni nació en el umbral de la República en las seguridades de la burguesía textil, culta y educada en el modernismo del Quadrat d'Or, y considera la cultura un índice transparente de superación. Formado en la disciplina inflexible de los jesuitas de Casp en los años inmisericordes y sin modelos de la posguerra incivil. De aquí procede, intuyo, su envidiable serenidad en el momento de las opciones difíciles, esa discreta actitud formal y un punto distante que le ha permitido multiplicar afinidades entre sectores sociales siempre diversos y a menudo incompatibles. Una proeza al alcance de quien sabe escuchar sin evaluar. Rara virtud.

La conversión al arte del siglo XX de Antoni Vila Casas ha sido solo aparentemente tardía, era coleccionista de antiguo y los cuadros y mobiliario familiares dan testimonio vehemente de procedencia y señalan su lugar de origen. El tiempo, severo escultor, lo ha hecho un hombre de gusto, en el sentido cabal de la vieja didáctica ilustrada, alguien que considera la belleza no una cualidad de las cosas pasadas, sino una virtud de la inteligencia que las contempla, disfruta y asimila. Cada momento nos brinda una belleza nueva, según confesaba el pensador escocés David Hume. La belleza no existe, puntualiza el filósofo, es una percepción subjetiva en la que sensibilidad y formación adquieren su relevancia. Esta es, a mi manera de ver, la escuela de la mirada de Vila Casas: saber escoger y elegir después para confirmar sus intuiciones.

La posesión de criterio, buen sentido y la frecuencia del experto y el conocedor afilan el diagnóstico artístico y adivinan el veredicto final del juez más exigente. La verdadera norma del gusto y la belleza no permite, pues, el engaño. El gusto es, así, una facultad sensible adquirida con esfuerzo que orienta la conducta entera de quien la posee. Un don vivo que, como todo lo que acaricia la perfección, es arduo de conseguir y difícil de mantener frente al destello cegador de los estímulos visuales que despliega el arte global. Como cantaba el anciano rapsoda heleno: «Entre el hombre y sus logros los dioses han puesto el sudor». Todo lo verdadero es bello, afirmó un artista que vino del frío. Por fortuna la obra de arte, el trabajo de la forma, culmina en una apreciación plural y enriquecedora. Toda colección artística representa el diagrama del gusto de su artífice. La Fundació Vila Casas es un ejemplo rotundo.

Índice onomástico